れたい男たち

三浦 展
Miura Atsushi

a pilot of wisdom

はじめに　人はなぜ離婚するのか？

男性は、どういう時に離婚したいと思うのか。実際に離婚をするのはどういう時か。また、どういう人が離婚したいと思うのか。離婚するのか。そこを探るのが本書の目的である。

一般に離婚の原因は男性側にあると言われることが多い。浮気とか、夫が仕事人間で妻の相手をしないとか、収入の減少とかが離婚の主な理由である。

たしかに私が中高年男性を対象に行った調査でも、離婚の最大の原因は夫の浮気であり、全体の16％。夫が仕事ばかりして妻の相手をしないことが、第3位で14％。

しかし第2位は妻の金遣いが荒いことであり、15％。第4位は妻の浮気で11％である。経済的理由としては、年収の低下が離婚の原因になったという回答が9％弱である（101ページ参照）。

つまり、どちらかと言えば男性のほうに落ち度があることが多いものの、男性だけが悪いわけではない。女性の側にも離婚の原因はかなりあるのである。

また、実際に離婚をするところまでは行かないが、男性が離婚したいと思った理由で最も多いのは、浮気でも経済的理由でもなく、子どものしつけ、教育、お受験などについての意見の食い違いであり、26％もある（101ページ参照）。

次いで多いのは、先述した妻の金遣いの荒さで18％。3番目が、居住地、家具、インテリア、ファッションなどの趣味が違うことで、16％。つまり、どこに住むか、どんな家に住むか、そこでどんな格好をするかが妻の権限で決められてしまうので、夫が不満に思うのである。4番目が、妻が家事をきちんとしないことへの不満で、15％である。

こういう事実はマスコミではあまり伝えられていないのではないか。マスコミ、特にテレビは女性が主なターゲットだから、女性の反感を買うようなことを情報にしないのであろう。

悪いのはすべて男、そう言っておけば視聴者の溜飲《りゅういん》は下がる。マスコミに登場する女性評論家だか、フェミニストだか知らないが、そうした人々は、男女の対立、夫婦の対立をあおるようなことばかり言い散らかす。対立したほうが、話が派手で面白いからであり、つまるところ、視聴率が上がるからであろう。

しかし、悪いのはすべて男という論理は、これから本書が明らかにするように、事実とは異なる。そんなに男が得をして、女が損ばかりしている社会なら、「序」で書くように、年間3万人を超える自殺者の7割が男性で占められるはずがない。一面的な「勧善懲悪」ならぬ「勧女懲男」的な物の見方は、ゆがんだものであろう。そうした色眼鏡をかけずに、本書では、あくまでアンケート調査などの客観データを元にして、離婚と離婚願望の原因を探っていく。

本書で使用したアンケート調査が明らかにしているのは、離婚問題が階層問題であるという点である。テレビドラマでは、比較的裕福な階層の夫婦が離婚するが、現実には、比較的貧しい夫婦が離婚していることが調査から明らかになる。

だから、一流企業に勤める仕事人間の夫が、長年妻の相手をせずにきたために、定年と同時に妻から離婚を突きつけられるというケースは、調査を見る限り、珍しそうなケースだと言わざるをえない。

そういうケースは、いわば、美男美女が夫婦役を演ずるおしゃれなテレビドラマになりやすい離婚なのであって、離婚全体の現実とは離れているように思える。裕福な階層の夫婦の離婚は、それが珍しいからドラマになるのであって、現実には、貧しい階層の夫婦の離婚のほうが多いのである。

だからといって、私は、現在の中高年男性に問題がないと言いたいのではない。むしろその逆である。彼らはあまりに経済活動に専念しすぎており、家族や地域や友人たちとのつながりを十分に持てないでいる。これからの社会、特に高齢社会の進展の中で生き延びていくためには、それらのつながりを持つことは非常に重要である。そのために何をすべきかも最後に考えてみた。

目次

第3章　夫婦の地域格差

第4章　男たちはどうつながるか？

取材協力／佐藤留美
図版作成／テラエンジン

序　孤立化する男性

自殺で増えているのは男性だけ

過去十数年、自殺者数が年間３万人を超えている。厚生労働省の統計によって、日本人の自殺者数の長期推移を見ると、戦後しばらく増え続けた自殺は、１９５８年をピークに減る（図1）。これは高度経済成長期が始まったためであろう。

しかし高度経済成長期末期の１９７０年あたりからまた増え始め、山一證券、北海道拓殖銀行などの経営破綻《はたん》があった97年の翌98年に急増して、史上初めて３万人を超えた。以降、現在に至るまでほぼ毎年３万人以上の自殺者を記録しているのである。

男女別に見ると、近年自殺が増えたのはほぼ男性のみである。終戦後は男女ともに増加したが、近年は男性だけが増加しているのである。

また、男性の年齢別自殺死亡率の推移を見ると、98年以降特に増加したのは40代から60代である（図2）。これは先述した山一證券などの破綻以後の経済状勢の悪化の影響であると考えられる。

次に、警察庁の統計によって２０１０年の自殺の原因・動機を見ると、経済・生活問題

1998年から男性の自殺が急増

図1　自殺者数の長期的推移

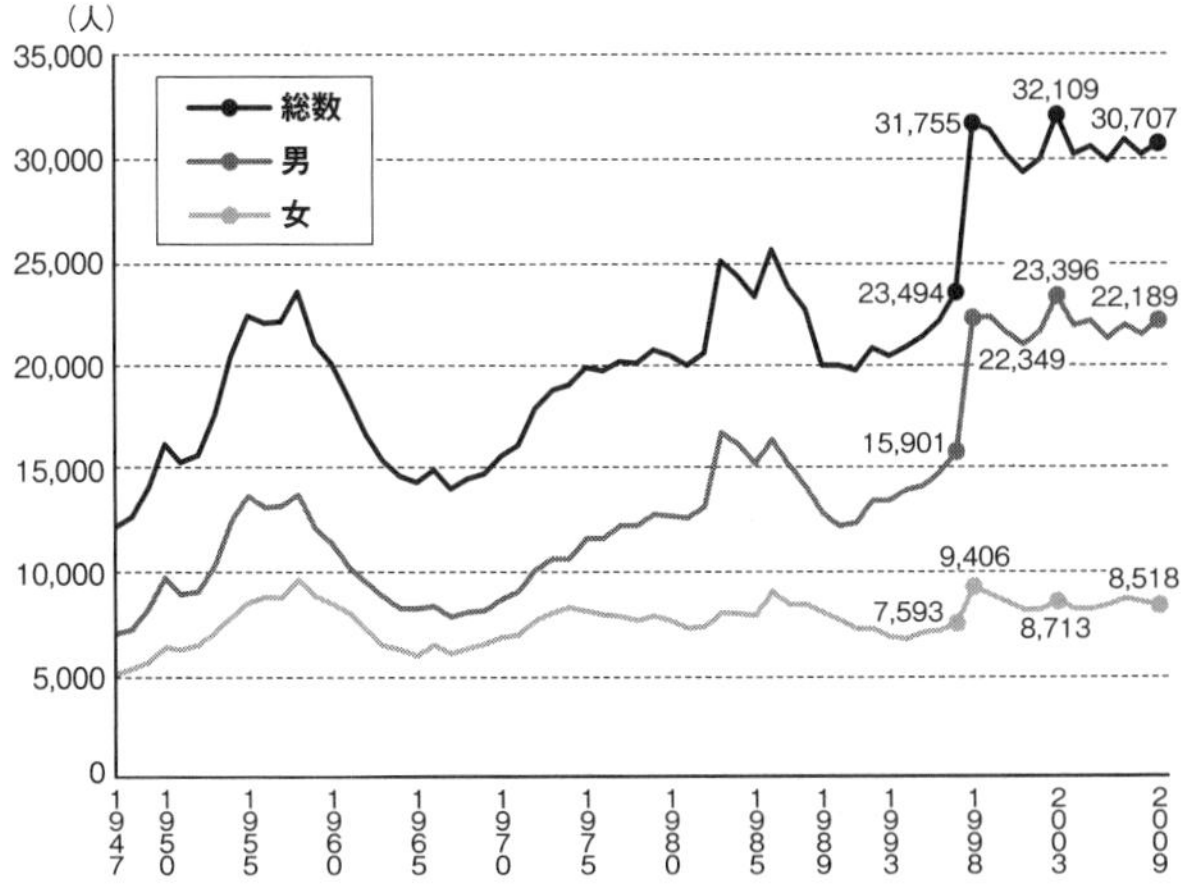

資料:厚生労働省「人口動態統計」　出所:内閣府『自殺対策白書』

が多い。男性では、総数２３１７１件のうち、６７１１件が経済・生活問題であり、特に40～50代の男性は経済・生活問題が最大の理由である。対して、女性が経済・生活問題で自殺する数は７２７件のみである。

また、健康問題が理由の自殺は、男性９１８１人、女性６６２１人である。女性は自殺の65％が健康問題なのである（表1）。

小田切陽一の『昭和30～40年代生まれはなぜ自殺に向かうのか』（講談社＋α新書、２０１１年）によ

中高年男性の自殺の伸びが大きい

図2　男性の年齢別自殺死亡率(人口10万人当たり)

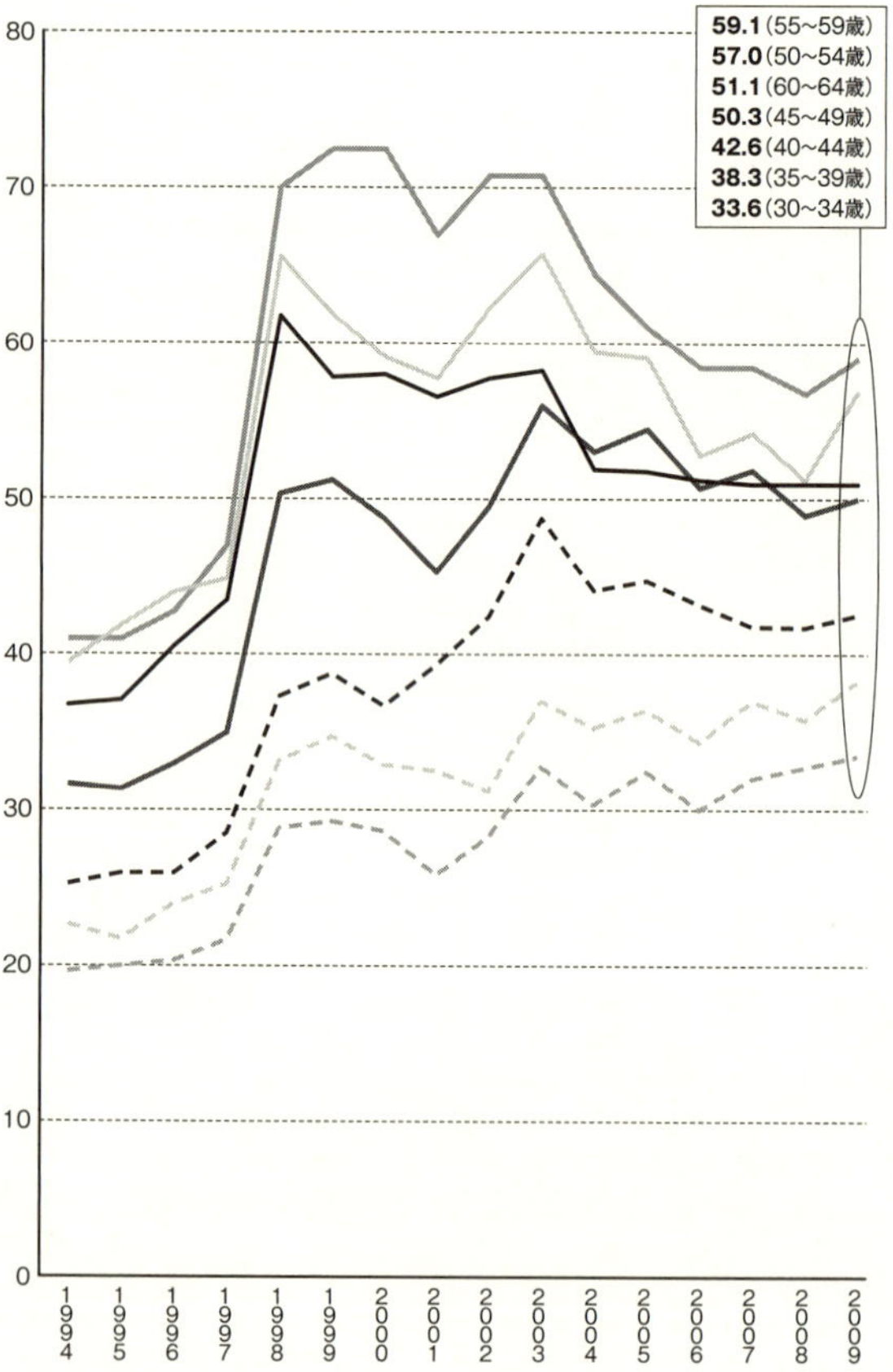

資料:厚生労働省「人口動態統計」　出所:内閣府『自殺対策白書』

男は経済、女は健康

表1　原因・動機別自殺件数（2010年）

		19歳以下	20歳代	30歳代	40歳代	50歳代	60歳代	70歳代	80歳代	不詳	合計
男	1	学校 105	健康 728	健康 1,174	経済・生活 1,521	経済・生活 2,043	健康 1,937	健康 1,463	健康 845	健康 3	健康 9,181
	2	健康 70	経済・生活 458	経済・生活 863	健康 1,332	健康 1,629	経済・生活 1,501	家庭 359	家庭 191	その他 3	経済・生活 6,711
	3	家庭 59	勤務 403	勤務 525	勤務 620	勤務 546	家庭 520	経済・生活 279	その他 101	勤務 1	家庭 2,854
	4	男女 32	家庭 244	家庭 415	家庭 522	家庭 544	その他 213	その他 112	経済・生活 31		勤務 2,325
	5	その他 28	男女 218	男女 239	その他 168	その他 197	勤務 182	勤務 27	男女 2		その他 1,117
	6	勤務 20	学校 167	その他 157	男女 116	男女 65	男女 24	男女 11	勤務 1		男女 707
	7	経済・生活 15	その他 138	学校 4							学校 276

		19歳以下	20歳代	30歳代	40歳代	50歳代	60歳代	70歳代	80歳代	不詳	合計
女	1	健康 70	健康 565	健康 927	健康 870	健康 966	健康 1,331	健康 1,049	健康 843		健康 6,621
	2	学校 55	男女 129	家庭 269	家庭 258	家庭 267	家庭 290	家庭 223	家庭 186		家庭 1,643
	3	家庭 38	家庭 112	男女 144	経済・生活 142	経済・生活 213	経済・生活 140	経済・生活 62	その他 97		経済・生活 727
	4	その他 20	勤務 68	経済・生活 95	男女 74	その他 49	その他 66	その他 62	経済・生活 15		その他 416
	5	男女 18	経済・生活 56	勤務 85	勤務 51	勤務 35	勤務 14	勤務 2	勤務 1		男女 396
	6	勤務 9	学校 40	その他 43	その他 39	男女 19	男女 9	男女 2	男女 1		勤務 265
	7	経済・生活 4	その他 40								学校 95

注意:原因・動機別件数は、原因・動機特定者一人につき3つまで計上可能としたため、自殺者数とは一致しない。「家庭問題」「健康問題」「経済・生活問題」「勤務問題」「男女問題」「学校問題」を、それぞれ、「家庭」「健康」「経済・生活」「勤務」「男女」「学校」と表記している。
資料:警察庁「自殺統計」　出所:内閣府『自殺対策白書』

れば、自殺未遂者も多いという。消防庁の調べによれば、「自損行為」による救急・救助の搬送人数は2009年に5万2630人にのぼった。

また、自殺した男性の13・3％、女性の29・5％に自殺未遂歴があるというから、潜在的に自殺の可能性を持つ人はかなり多いらしい。

さらに、小田切の出生コーホート（同じ年に生まれた人々の集団）分析によれば、昭和30年代生まれと40年代生まれで、自殺率が高まっているという。現在の40歳前後から55歳くらいまで、会社で言えば平取締役、部長、課長くらいであろうか。長期不況下におけるストレス、借金苦などがこのコーホートにおける自殺増の原因であろう。

多いストレス

ニッセイ基礎研究所の土堤内《どてうち》昭雄の論文「中高年男性の社会的孤立について」（『ジェロントロジージャーナル』2010・10・22）によると、厚生労働省の「患者調査」で、気分（感情）障害（躁鬱《そううつ》病を含む）の総患者数は1999年の44・1万人から2008年には104・1万人に増え、そのうち男性患者数は16・2万人から38・6万人に増えている。

増加率は男女であまり変わらないが、男性の増加率のほうがやや多い。年齢別では、30代が7・9万人、40代が8・4万人、50代が7・1万人と、男性全体の約6割を占める。99年から08年までの増加数で見ても30代から50代が多いという。働き盛りの男性である。

また、日本生産性本部の「第5回『メンタルヘルスの取り組み』に関する企業アンケート調査結果」(2010年)によれば、社員の心の病が増加傾向であるとする企業は44・6%であり、心の病の最も多い世代は30代だとする企業が58・2%だという。30代は団塊ジュニア世代を含むので人口が多い。この世代が40代、50代になるともっと自殺が増える可能性がある。

労務行政研究所の「企業におけるメンタルヘルスの実態と対策」(2008年)でも、メンタルヘルス不調者が最近3年間で増えていると回答した企業が55・2%、従業員数1000人以上の大企業では7割を超える。

そしてやはり、増加が目立つのは30代だ、という企業が5割あり、1000人以上の大企業では53・3%である。

さらに、東京都産業労働局が2009年度に行った「中小規模事業所におけるメンタルヘルス対策に関する実態調査」では、従業員を取り巻く最近の問題として「コミュニケーションの減少」が25・3％と最も多く、次いで「人間関係の希薄化」が23・1％となっている。

厚生労働省の「労働者健康状況調査」（2007年）でも、「相談できる人」がいない労働者は、女性が6％に対して男性が10・8％だという。

このように、現代の社会は働く人間に大きなストレスを与えている。特に男性は、プライドが邪魔するのか、悩み事があっても、あまり人に相談しない。赤提灯で憂さを晴らすといったことが昔の会社よりも減ったこともストレスを解消できない理由かもしれない。

また、同じ労働でも、景気が良くて物がどんどん売れる時代なら、たとえ労働時間が長くてもストレスは少ないだろうが、今日のようになかなか売上げが伸びない時代ではストレスは倍加するだろう。

しかも現代は、仕事の効率化への圧力が強く、煙草を吸って息抜きをする時間を労働時間に換算しない企業すらあるという。自由に使える経費も減らされており、会社の金で部下を連れて飲みに行くことも難しい。

そして、ＩＴ化が進み、ひとりひとりの社員がパソコンに向かって黙って仕事をしている状態では、社員同士の会話も減りがちであり、人間的な付き合いが生まれにくい。

当然、リストラや給料引き下げの不安もある。特に非正規雇用者の場合は、いつ首を切られるかわからないし、給料は伸びないわけだから、将来展望が描けない。未婚女性であれば、自分の収入が下がっても、安定した収入がある男性と結婚するという人生を選ぶ方法もあるが、男性にはそういう選択肢はほとんどゼロである。

もちろん既婚男性が、仕事を辞めて家事をするという選択肢もあまりないだろう。ストレスの多い仕事を続けなければならないのである。

かつ、先ほどのデータにもあるように、男性の場合、あまり人に相談しないで、悩みをひとりで抱え込みがちである。これが男性のメンタルヘルスを悪化させ、ついには自殺に追い込む背景であろう。

男性はひとりに弱い

しかも未婚化がどんどん進んでいる。２０１０年の「国勢調査」によれば、男性は40歳の時点でも3割以上が未婚である。苦楽をともにしてくれる相手もいないのである。

それどころか離婚も増えている。有配偶者に対する離別者の割合を見ると、45歳くらいから60歳くらいまでの男性では8％台である。中高年男性のおよそ12人にひとりは離婚しているという勘定である。

未婚、離婚に死別を加えた割合を合計で見たのが左の図である（図3、4）。若いときに未婚率が高いのは当然だが、先ほども述べたように40歳でも3割が未婚である。しかも40歳になると離婚も増えてくる。55歳を過ぎると死別も増える。未婚、離別、死別の合計を「単身者率」と呼ぶとすると、40歳から64歳の中高年男性の単身者率は、大体2割から3割あるのである。

参考までに女性を見ると、35歳から50歳くらいまで単身者率がほぼ2割台であり、50歳を過ぎると死別が加わるために単身者率が上昇していく。

かつ、何とも悲しいのは、男性は有配偶者でないほうが寿命が短いという点である。男性の40歳時点の平均余命は、有配偶者では39・06年だが、未婚者では30・42年、死別者では34・95年、離別者では28・72年である（1995年のデータ）。有配偶者と未婚者、離別

中高年の「おひとり様」は多い

図3　男性の年齢別・配偶関係別人口割合（2010年）

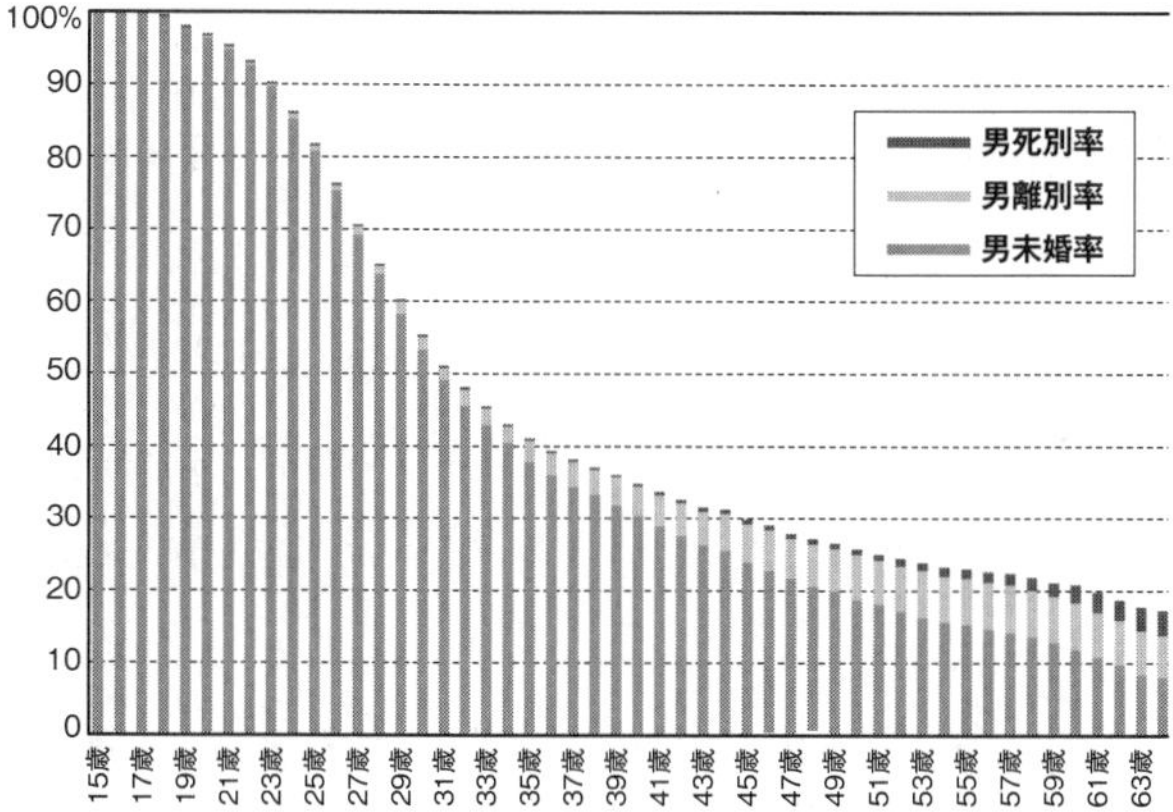

図4　女性の年齢別・配偶関係別人口割合（2010年）

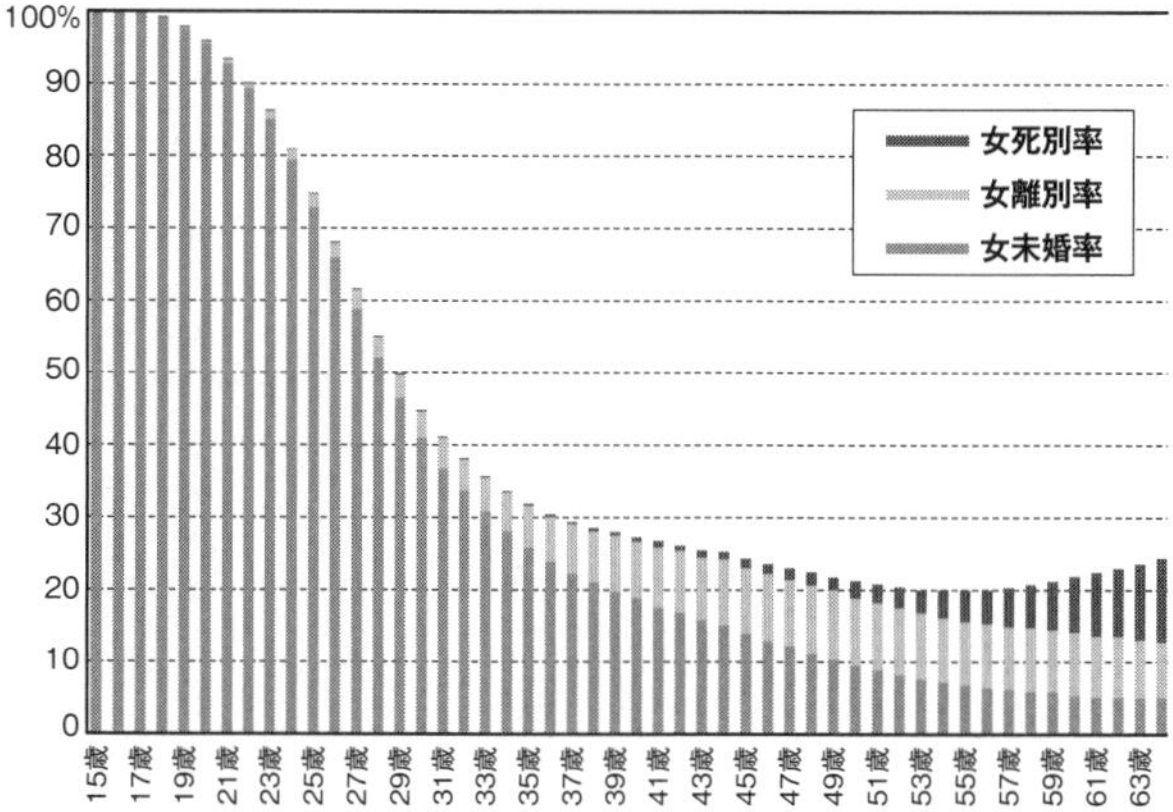

資料:総務省統計局「国勢調査」

者で10年近い開きがあるのだ（表2）。

同じく40歳時点の女性の余命は、有配偶45・28年、未婚者37・18年、死別者43・32年、離別者40・49年。未婚者の余命が短いのは男性と同様だが、離別者は有配偶者と5年ほどしか違わない。**男性のほうが離婚によって短命化するの**である。女性のほうが長生きなのは、離婚後も子どもや孫、あるいは地域社会とのつながりの中で生きがいを持って生きられるからだと思われる。

また、死亡率（人口1000人当たりの年間死亡数）を見ても、30～44歳の男性未婚者の死亡率は、同年齢の有配偶者の2・73倍高い。死別者は有配偶者の6・95倍、離別者は有配偶者の7・03倍も高いのである（表3）。女性でも、死別者は有配偶者の4・5倍ほど死亡率が高いが、男性ほどではない。**男性は妻と死別または離別すると、妻のいる男性よりも約7倍死にやすくなる**のである！

45～59歳男性でも、未婚者は2・58倍、死別者は2・44倍、離別者は4・27倍、有配偶者よりも死にやすい。このように、男性のほうが、結婚していない状態によって死にやすくなるのである。

離別した男性は短命化する

表2　配偶関係別の平均余命（40歳時）

<男>

（年）

	1955	1960	1965	1970	1975	1980	1985	1990	1995
総数[1]	30.85	31.02	31.73	32.68	34.41	35.52	36.63	37.58	37.96
未婚	17.55	19.49	21.49	22.75	25.10	25.94	28.06	29.26	30.42
有配偶	32.09	32.11	32.73	33.65	35.20	36.32	37.52	38.42	39.06
死別	25.94	25.80	26.06	27.48	30.43	31.38	33.40	34.42	34.95
離別	24.26	25.42	25.33	26.26	26.69	27.25	28.22	28.69	28.72

<女>

（年）

	1955	1960	1965	1970	1975	1980	1985	1990	1995
総数[1]	34.34	34.90	35.91	37.01	38.76	40.23	41.72	43.00	43.91
未婚	21.02	24.32	27.76	29.01	32.14	32.16	34.18	35.76	37.18
有配偶	35.85	36.18	37.20	38.16	39.79	41.26	42.96	44.36	45.28
死別	33.85	34.37	35.15	36.42	37.98	39.35	41.41	42.46	43.32
離別	30.66	34.65	35.05	37.43	37.66	39.13	39.85	40.44	40.49

国立社会保障・人口問題研究所の算出による。1995年の死別および離別の平均余命は、従来の計算方法と異なるため、20歳時平均余命の比較を行う場合には注意を要する。詳細は、石川晃、「配偶関係別生命表:1995年」、『人口問題研究』第55巻第1号、1999年3月を参照。
1)厚生労働省統計情報部『完全生命表』による。

離別した男性は死にやすい

表3　配偶関係別死亡率、自殺死亡率

	死亡率(1995年)		自殺死亡率(2007年)
	30〜44歳	45〜59歳	
有配偶	0.80(−)	3.95(−)	31.6(−)
未婚	2.18(2.73倍)	10.18(2.58倍)	40.8(1.29倍)
死別	5.56(6.95倍)	9.62(2.44倍)	87.9(2.78倍)
離別	5.62(7.03倍)	16.88(4.27倍)	178.2(5.64倍)

注:死亡率と自殺死亡率の( )数値は有配偶者に対する倍率
資料:『人口問題研究』第55巻第1号(1999年3月)石川晃「配偶関係別生命表」、自殺予防総合対策センター資料より作成

一生結婚しない人が増えてきた

図5　男女別生涯未婚率の推移

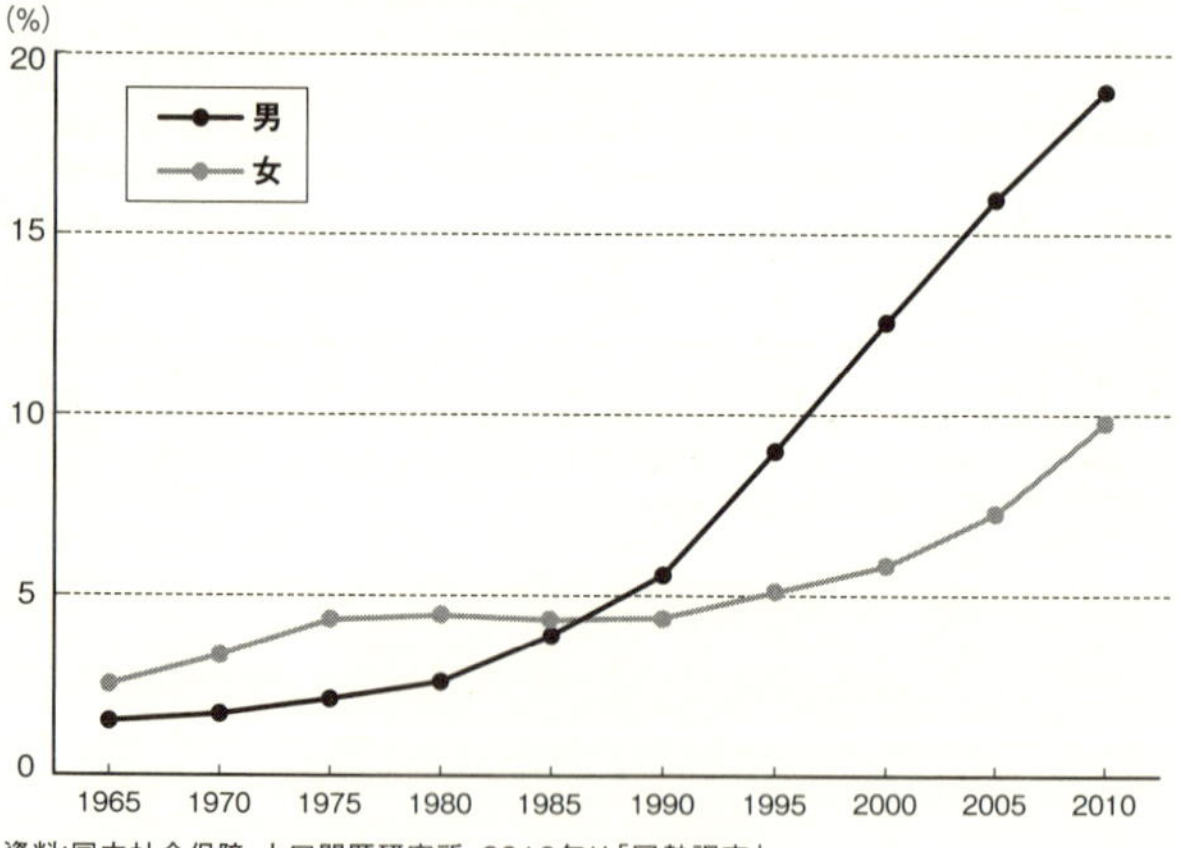

資料:国立社会保障・人口問題研究所、2010年は「国勢調査」

また、男性全体の自殺死亡率を見ても、離別した男性は有配偶者よりも５・64倍自殺しやすい。

50歳時点で半数以上が単身者になる

しかも今後の日本では、さらに未婚率が高まっていくと予想されている。２０１０年の「国勢調査」によると、50歳時点の男性の生涯未婚率は19％、女性は10％弱である（図５）。これはほぼ１９６０年生まれの男女の未婚率と言えるものだが、国立社会保障・人口問題研究所の予測によると、１９６０年生まれ世代の子ども世代に当たる１９９０年生まれの女性では、生涯未婚率は23・５％にまで増加するという。

また、既婚者も離婚が増えていく。１９５５年生まれの女性の場合、50歳時点での離婚経験率、つまり一度でも結婚したことのある者に占める離婚経験者の割合は18・４％である。これが１９７０年生まれでは35歳時点ですでに18％を超えている。この趨勢《すうせい》が続けば、**１９９０年生まれでは50歳時点で36％が離婚を経験する**と予測されているのである（岩澤美帆「初婚・離婚の動向と出生率への影響」『人口問題研究』２００８年12月）。

つまり、1990年生まれの1000人の女性は、2040年時点では235人が未婚、残りの765人の36%、つまり274人が離婚。未婚と合計すると509人が単身者。これにさらに死別者も加わると、もっと単身者が多いという状態になる。

男性の推計はないが、女性より未婚者が多いので、単身者率は女性より多くなる可能性もある。ただし、50歳を過ぎてから結婚する人も増えるだろうから、差し引きゼロとしても、やはり半数は単身者であろう。

つまり、男女とも50歳時点で半数以上が単身者という時代が来るのである。未婚者や離婚経験者は既婚者よりも早く死ぬのだとしたら、ひとりのまま死んでいく未婚者、離婚経験者がたくさんいる、実に孤独な、寂しい社会がやってくるのだという暗い予想も成り立つ。今よりずっとひどい無縁社会がやってこないとは限らない。

会社以外のつながりが希薄

このように、現代の男性は、金があれば結婚できるが、金がなければ結婚できず、結婚していても金に困れば離婚され、さもなくば命を賭《と》して生命保険を残す。そして未婚や離別によって命を削る。そんな生き方を強いられている。

それは家庭を顧みず、妻の相手もせず、仕事中毒、社畜になった男たちの自業自得だと、口汚いフェミニストなら言うであろう。

だが、男性もみずから好んで仕事中毒、社畜になったのではあるまい。多くは、妻のため、子どものためであったはずである。もっと即物的には住宅ローンと教育費のためである。

男性だって、自分ひとりで家計を支えなくていいのであれば、死なななくてもすんだかもしれない。ところが家計を支えるのが男性の役割だと、特に今の中高年男性は信じ込まされてきたのである。そのために男性の生活は、会社中心、仕事中心になり、お金中心になる。結果、妻や子ども、あるいは地域や友人とのつながりがうまく形成されにくい。

そのため、いつのまにか、少なからぬ男性は、社会から孤立し、経済的に困窮すれば自殺を選ばざるをえないところに追い込まれる。自殺を選ばない場合でも、離婚に追い込まれることも少なくないのである。

しかし、実は、男性だって本当は、家族とはもちろん、地域とも友人とも、もっとつながりたいのだと思う。お金のためだけに生きるのはつまらないと思っている男性も少なくない。

それなのに男性はなぜ孤立するのか。孤立したがるのか。なぜ離婚をするのか。したがるのか。会社以外につながりは持てないのか。以下では、こうした点について考えていきたい。

第1章　別れたい男、別れたいと言われる男

男の隠れ家

本を書くと、この本を書こうと思ったきっかけは何かと聞かれることが多いので、それを先に書いておく。

私は4年前（2008年）に小さな中古マンションを買い、リノベーションした。リノベーションとは、「全面的な改装」といった意味である。すでにあった風呂、トイレ、洗面台、流し台、壁紙、天井の梁《はり》、床などをすべて取っ払って、コンクリートの駆体だけにして、そこに自分が好きなように新しい部屋をつくるのである。私の知人に、中古マンションのリノベーションの魅力をいち早く社会に広めてきた人間がおり、それで私もいつかリノベーションをしてみたかったのだ。

リノベーションが完成して、知人、友人を招いてお披露目をした。すると、男性客のほとんどが「男の隠れ家ですかあ」とか「男のロマンですねえ」と言う。

私がマンションを買った理由は、事務所として借りている部屋にある本が増えすぎて、いつか床が抜けないかと心配になり、本の一部を置くために別の部屋を用意する必要があったからで、別に隠れ家でも何でもない。そして、どうせマンションを買うならリノベーションをしてみたかった。それだけだ。ロマンというほどのものではない。

ロマンがあるとすれば、してみたかったリノベーションをしたというところにある。もちろん家族もこの部屋の存在を知っている。なのにほとんどすべての男性が、隠れ家だ、ロマンだ、いつか私もこういう部屋を持ちたい、いいな、いいなと言うのである。

そういう彼らに聞いてみると、休日は漫画喫茶やインターネットカフェで過ごすという男性がいたり、マンションは買えないが、家族に内緒でアパートを借りているという男性もいた。家族と同じマンションの違う部屋に住んでいて、食事のときだけ家族の部屋に通うという方もいる。

どうも家族のいる自宅は居心地が悪いらしい。居心地が悪いわけではないが、自宅ではやりたくない、やりにくいことがあって、それができる部屋が欲しいということもあるらしい。私の取材した限りでは、隠れ家が欲しい理由は、静かに本を読みたい、音楽を聴きたい、小説を書きたいといった希望が多いようである。

だが、子どもが小さくてうるさいとか、まとわりつくとかいうのならわかるが、もう子どもが大きくなり、親が声をかけても「別に」としか言わなくなっているのに、家では落ち着いて本が読めないという人もいるのは不思議である。そのあたりは結構複雑な心理があるようだ。

たしかに『男の隠れ家』という雑誌もあるくらいだし、その他の一般雑誌でも書斎特集は頻繁に行われている。昔の山の手中流家庭であれば、一家の主人の書斎兼応接間くらいがあるのは当然で、そこに重厚な机、椅子、ソファが置かれ、本棚には百科事典や文学全集が並び、そしてピアノが置かれていたりして、娘がそこでレッスンをする、といったイメージがあった。

もっと贅沢《ぜいたく》なものとしては「離れ」なんていう部屋があって、母屋から庭の飛び石づたいに歩くと、10畳くらいの部屋があったりしたのだ。

私の蔵書の一冊にあった『田園と住まい展　世田谷に見る郊外住宅の歩み』（世田谷美術館、1989年）を見ると、1000坪もあるような庭の中に30坪くらいの家が建っている写真があるので、いやあ、贅沢だなあと思ってよく読むと、その30坪の家が離れだと書いてある。驚いた話である。

明治の富豪だと、山手線の内側にかつての武家屋敷を買って別邸を建て、そこにお妾《めかけ》さんをひとりで住まわせていたなんて話もあったというからスケールがでかい。それに比べれば漫画喫茶で休日を過ごす男たちは、あまりにもささやかな幸福を求めていると言える。

今どきのサラリーマンのマイホームにはお父さんの部屋はないことも多く、あったとしても1・5畳くらいの納戸みたいなスペースが書斎と呼ばれていたりするのが通例である。だからこそ現代の男性たちには、書斎だか隠れ家だか知らないが、とにかく自分がひとりで落ち着ける部屋が欲しい、女房にも子どもにも入ってこられない部屋が欲しいという気持ちが強いのであろう。

また、昔の書斎には女房、子どもが入りにくい威厳があったものだ。しかし今日では、仮にお父さんの書斎があったとしても、お父さんをその部屋の中で静かにほうっておいてくれる妻や子どもはあまりいないだろう。イクメンだか何だか知らないが、家事に育児にかり出されるのが現代の夫であり、父親である。ひとりになれる時間、空間はほとんどない。

念のために言うと、私は19年前（1993年）からイクメンを実践していて、ふたりの子どもを育てた。ミルクをやったり、おしめを替えたり、ご飯をつくったり、風呂に入れたり、絵本を読んだり、公園に行ったり、自転車の練習をしたり、ありとあらゆる育児をしてきた。われこそ元祖イクメンと言いたいくらいである。だから、かえって昨今イクメンなどという言葉が流行《はや》るのは、虫酸《むしず》が走るというか、恥ずかしいというか、何とも妙な気持ちになる。

それはともかく、かくのごとく育児にも家事にも奮闘してきた私の経験から言えば、そうしたイクメン男性が今後増えれば増えるほど、逆に、ひとりになりたい、ひとりの時間が欲しいと思う男性も増えるのではないかと予測される。

これは男性に限らない。女性も、仕事をしながら育児と家事をするとなれば、やはりひとりになりたい、ひとりの時間が欲しいと思うに違いない。いや、外で仕事はしていない、家事と育児だけの主婦であっても、たまにひとりになれる場所を欲しているに違いない。

だから、おそらくこれからの時代には、家の中に夫婦それぞれの個室がある、あるいは書斎がある、たとえ納戸であっても、他の家族に干渉されない場所があるということが、住宅に求められるのではないかと私は予測する。この予測は断言に近い。

実際、私の最近の調査でも、20～30代の女性の一部に書斎願望があることがわかってきた（『下流社会　第3章　オヤジ系女子の時代』光文社新書、2011年）。住宅メーカーの方は是非、夫婦それぞれのための書斎のある家を企画したほうがいい。

住宅メーカーがそうした家を企画しなければ、あるいはそもそも同じ家の中に書斎があっても家族からは逃げ切れぬとなれば、やはり家の外に、こっそりか堂々か知らないが、とにかく一部屋借りるという人が男女とも増えるに違いない。

4割の男性が「隠れ家が欲しい」

私が行った調査でも、「あなたは、妻に知られない自分だけの隠れ家を持ちたいと思ったことはありますか」という質問に対して、「たまにある」30・9％、「よくある」10・0％などとなっており、4割以上の男性が隠れ家願望を持っている（図1－1）。年齢による差はほとんどない。隠れ家願望は年齢にかかわらず一定の割合で存在するのである。

また、隠れ家を持ちたいと思ったことがある男性にその理由を聞くと、「自分の趣味に専念したい」56・7％、「なんとなくひとりになりたい」42・6％などとなっている（図

4割の男性に隠れ家願望

図1-1　隠れ家を持ちたいか

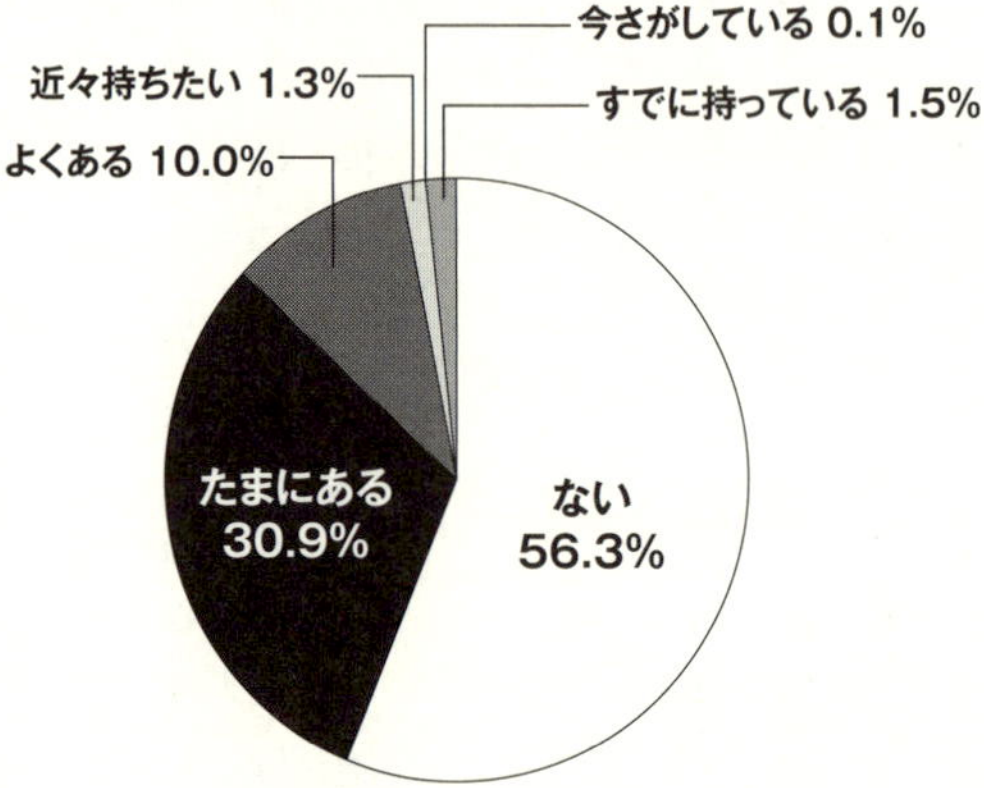

資料:カルチャースタディーズ研究所「中高年男性調査」2010　調査実施:(株)ネットマイル

1－2)。基本的にはひとりになりたいのである。

数は少ないが、自宅のインテリアなどの趣味が妻の好みになっていて、それが自分に合わないという男性もいる。かわいそうに、自宅の居心地が悪いのである。

年齢別に見ると、若い男性ほど、「自分の趣味に専念したい」「ひとりでテレビ、ビデオ、DVDを見たい」「ひとりでマンガ、アニメを見たい」が多くなっている(表1－1)。

先述したように、休日に仕事に行くといいながら、実は漫画喫茶やネ

趣味の部屋が欲しい

図1-2　隠れ家を持ちたい理由（複数回答可）

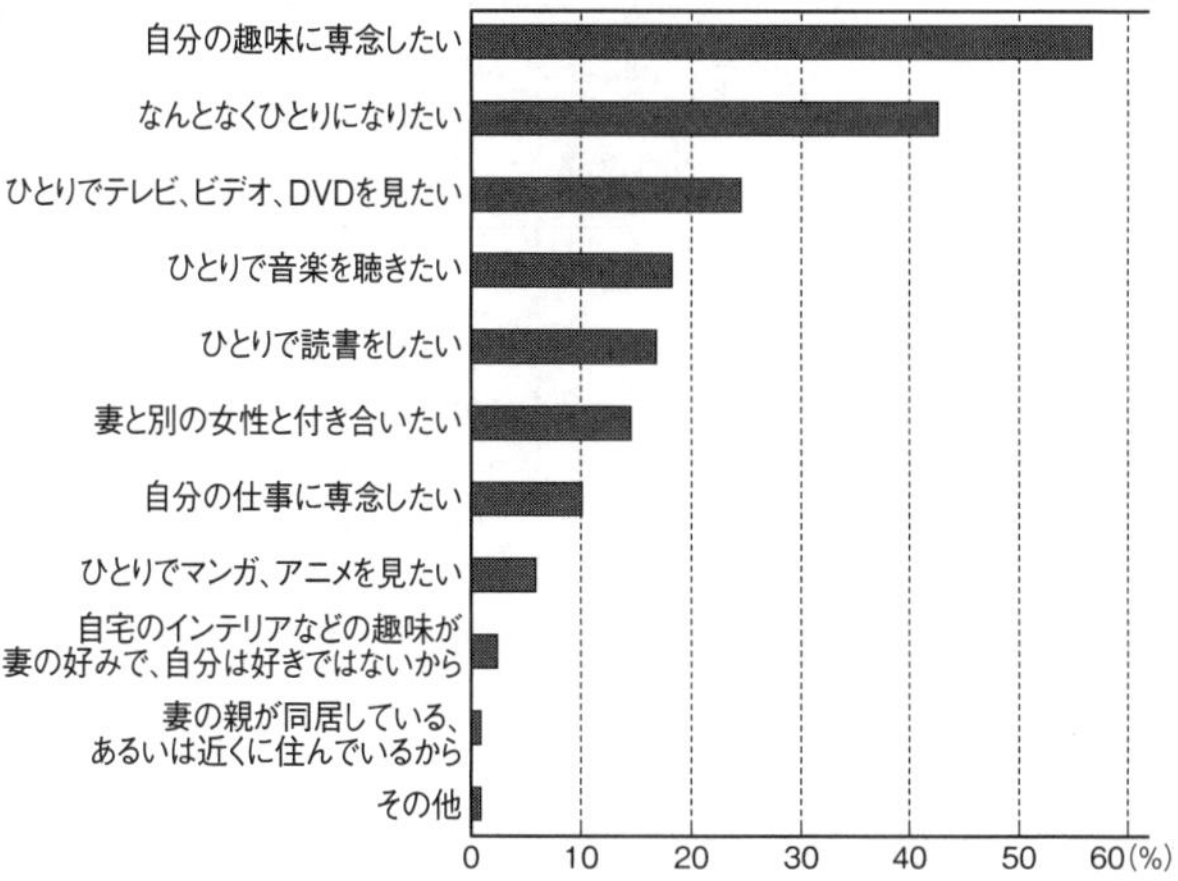

資料:カルチャースタディーズ研究所「中高年男性調査」2010　調査実施:(株)ネットマイル

ットカフェで1日過ごす男性もいるというが、まさに自分の隠れ家でマンガやビデオを見たいというのが、中高年男性のささやかな願望のようである。

よほどのエロ系のマンガやDVDを見たいなら、たしかに自宅では無理であろう。しかし、私の経験でも、かつて森高千里のビデオを自宅で見ていたら妻にかなり嫌がられたことがある（笑）。女性には許せない何かがあるらしい。

AKB48ならどうなのか、若尾文子《あやこ》はどうなのか、ブリジット・バル

40代男性は趣味に専念したり、ひとりになりたい

表1-1　年齢別 隠れ家を持ちたい理由（複数回答可）

(%)

	40～44歳	45～49歳	50～54歳	55～59歳	60～64歳
自分の趣味に専念したい	60.7	57.5	55.6	57.9	51.3
なんとなくひとりになりたい	40.5	41.4	38.8	48.0	44.8
ひとりでテレビ、ビデオ、DVDを見たい	30.6	33.3	23.0	15.8	18.2
ひとりで音楽を聴きたい	18.5	19.4	19.7	17.0	16.2
ひとりで読書をしたい	22.5	20.4	9.6	17.0	14.3
妻と別の女性と付き合いたい	14.5	15.1	14.0	14.6	14.3
ひとりでマンガ、アニメを見たい	13.9	9.7	3.4	0.6	1.3
自分の仕事に専念したい	11.0	8.6	7.9	11.7	11.7
自宅のインテリアなどの趣味が妻の好みで、自分は好きではないから	2.3	1.6	2.8	2.3	3.2
妻の親が同居している、あるいは近くに住んでいるから	2.3	0.0	1.1	1.2	0.0
その他	0.0	1.1	0.6	0.6	2.6

資料:カルチャースタディーズ研究所「中高年男性調査」2010　調査実施:（株）ネットマイル

ドーは？　と、まあ、いちいち試してみるのも面倒だから、どこかに隠れて妻に内緒で見たいと思うのであろう。

「自宅難民」化する父親

株式会社アイシェアが２０１０年に40〜50代の既婚で子どものいる有職男性を対象に行った調査でも、平日家に帰った時、「自分の趣味を楽しむ時間がない」「一人になれる時間、場所がない」「見たい番組が見られない」などの不満を感じることがある男性は全体の52％あり、同社ではこれを「自宅難民」と名づけている。

不満がある人のうち、57％が「自分の趣味を楽しむ時間がない」、40％が「一人になれる時間、場所がない」、32％が「見たい番組が見られない」という具体的な不満を持っていた。

また、自宅でいる時に一緒に過ごしたい人を尋ねると、「自宅難民」派の男性では「一人でいたい」が40％で最多であったという。

インテリアは妻と娘の趣味

また、「自宅のインテリアなどの趣味が妻の好み」は、年齢が高くなるほど多い（表1-1）。妻が知らない間にどんどん家を自分の趣味でつくり上げてしまい、夫は借りてきた猫のようになって、自宅に居場所がないのである。これは結構悲しい話である。

これとちょっと関連するが、数年前、某一流企業の役員クラスの男性から聞いた話。もう娘が30歳になるのだが、いっこうに嫁に行かない。早く結婚して出て行けと言うのだが、どうも自宅の居心地がよいらしい。そういえば、この家は妻と娘の好みでつくった。だから妻と娘にとって快適なのは当然。お父さんのほうが出て行けばいいと言われそうだ。こうなるともう笑うに笑えない。

そういえば、随分昔になるが、ロッキード事件に関係した某商社の役員が、休日だかアフターファイブだかに都心のマンションの一室にこもり、鉄道模型で遊んでいたという話を何かの本で読んだことがある。

あるいはまた、某企業グループの総帥が、やはり都心のマンションの一室かどこかで、赤ちゃんの格好をして、おねえさんによしよしされることを趣味としていたという話もいつか何かの本で読んだことがある。

日本の繁栄を担った一流商社の役員ですら、あるいは企業の総帥ですら、いや、だからこそ、仕事と家庭だけでは満足せず、むしろ仕事や家庭のストレスから逃れるために、自分だけの隠された趣味の部屋を必要としたのである。となれば、さほど仕事好きでもない一般男性が、趣味の部屋を持ちたがるのは当然か。いや、むしろ仕事ずくめの人生なればこそ、隠れ家に憧《あこが》れるのか。

誰にも知られない場所

現在自分が「ひとりになれる場所があるか」「自宅で個室を持っているか」も聞いたが、すでにひとりになれる場所がある男性でもない男性でも、個室を持っている男性でもない男性でも、同じように隠れ家願望を持っている。

となると、男性たちは、単にひとりになれる場所や個室ではなく、「誰にも知られない部屋」というものを持ちたいのではないかと解釈できる。

永井荷風は二度結婚したが、二度とも1年ほどで離婚し、以後36歳から79歳で死ぬまでひとり暮らしをした。二度目の離婚の翌年には慶応義塾大学教授の座も辞した。

荷風の時代の36歳というと今で言えば50歳くらいの感覚だったと思われる。つまり現代的な感覚で言えば、中高年になってから「×二《バツニ》」になり、自由にひとりで暮らしたのである。あるときは築地、あるときは浅草、またあるときは木挽町《こびきちょう》（現・銀座四丁目東側あたり）、そして麻布と転居を繰り返した。

麻布の家が東京大空襲で焼失すると、岡山、熱海、千葉県市川市と間借りをし、その後市川で家を買い、９年後市川市内でも転居し、胃潰瘍《いかいよう》による吐血で、ひとり自宅で没した。最後の家には2年しか住んでいないのだ。しかし、そんな荷風のようなひとり暮らしを望む男性は少なくない。

しかも今、日本中には約８００万戸の空き家がある。東京都内だけでも90万戸近い。一因は、若者の人口が減り、かつ生活水準が上がったので、４畳半・風呂なし・畳敷きといった類のアパートには借り手が付かないからだ。そういう都市の隙間に、自宅とは別のオアシスを求める中高年男性が入り込んでいく可能性は高い。

また近年は、女性も男性並みに仕事人間になっているご時世。だから、先述したように、そのうち女の隠れ家を求め、夫や恋人に知られずに自分だけの趣味の世界にひたる女性も増えるやも知れぬ。

離婚したい男性は4割弱

隠れ家を持ちたい男性は、離婚願望が強いと思われる。その分析をする前に、そもそも男性は、結婚後、一体何割くらいが離婚したいと思うものなのか見ておく。

今回の調査では、離婚したいと思ったことが「たまにある」が29・6％、「よくある」5・8％、「いつかきっとしたいと思う」2・0％であり、思ったことは「ない」が62・6％だった（図1－3）。

年齢による差はあまりないが、50歳を過ぎると「ない」が少し減り、55歳を過ぎると「たまにある」が少し増える。結婚期間が長いほど離婚をしたいと思ったことが一度でもある人が増えるのは当然だから、事実上、ほとんど年齢差はないと言えよう。

逆に言えば、結婚後5年もすれば離婚願望はすでにピークに達し、夫婦ともお互いに我

男性の約4割に離婚願望あり

図1-3　年齢別 離婚したいと思ったことがあるか

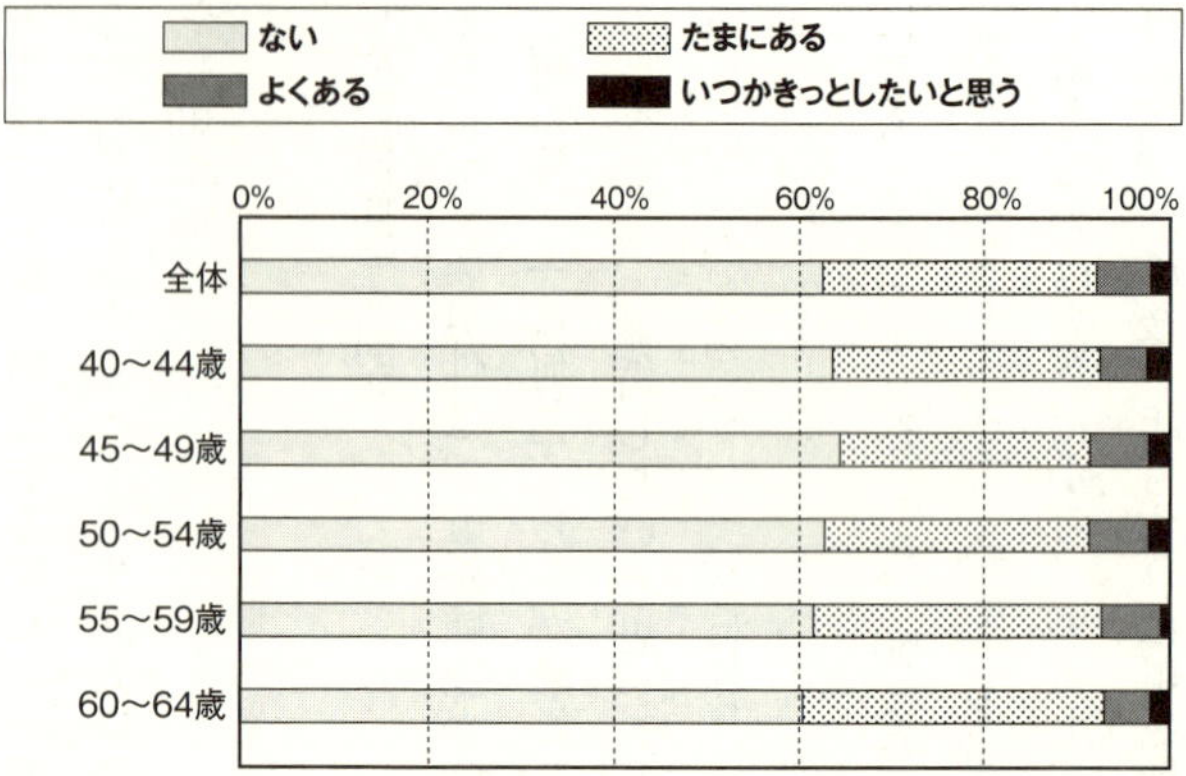

資料:カルチャースタディーズ研究所「中高年男性調査」2010　調査実施:(株)ネットマイル

慢の人生が続くのであろう。

なお、以下の分析では、

- 離婚したいと思ったことがない＝離婚願望がない
- 離婚したいと思ったことがたまにある＝離婚願望が弱い
- 離婚したいと思ったことがよくある＋いつかきっとしたいと思う＝離婚願望が強い

と表記する。

別居したい男性は33％

別居願望は33%の男性に

図1-4　年齢別 別居したいと思ったことがあるか

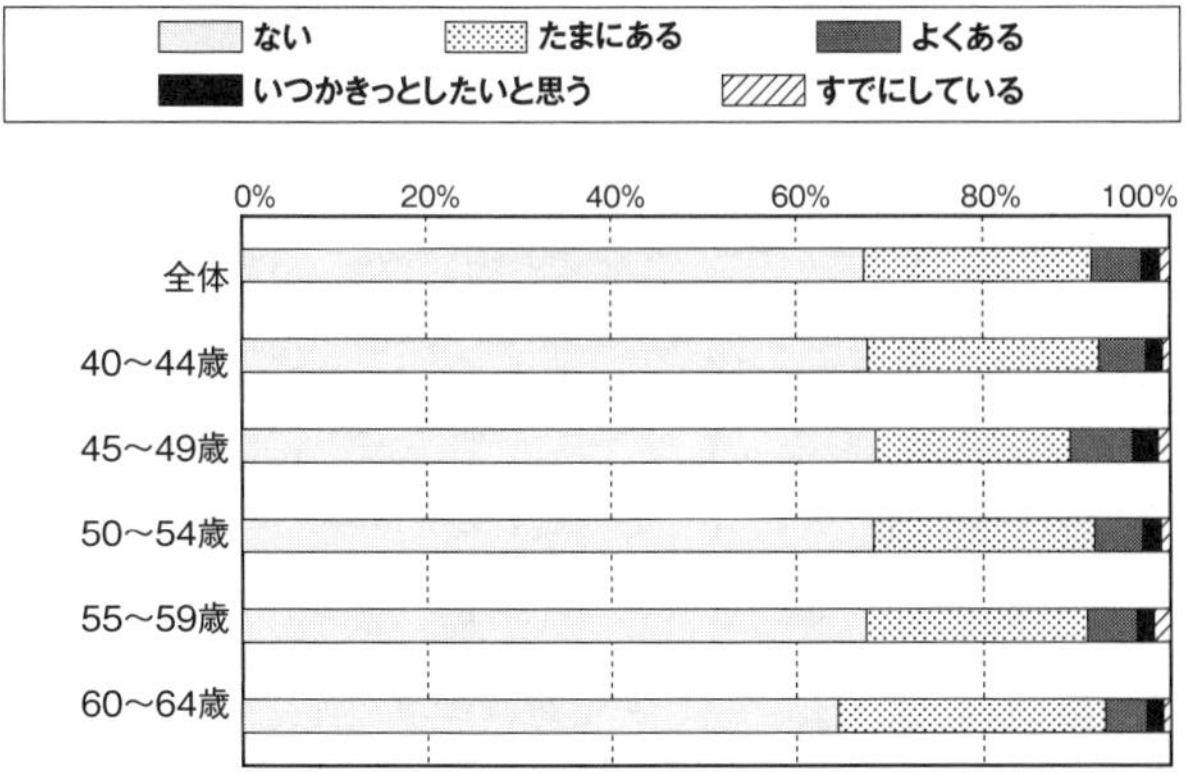

資料:カルチャースタディーズ研究所「中高年男性調査」2010　調査実施:(株)ネットマイル

「離婚をしないまでも、現在の奥さんと別居したいと思ったことはありますか」という質問に対しては、全体の33%が「たまにある」「よくある」などと回答している（図1-4）。

年齢別では、やはり当然だが、年齢が上がるほど「たまにある」が増えていく。そして、離婚願望の強さと別居願望の強さはおおむね比例している。

さらに、離婚願望が強い男性は隠れ家願望も強く、47〜48%が隠れ家を持ちたいと思うことが「よくある」と回答している（図1-5）。「いつかきっと離婚したい」男性に限ると、隠れ家を「すでに持っている」男性が18％いる。

離婚したいと言われた夫は25％

妻から離婚したいと言われたことがある男性は25％である。50〜54歳でわずかに高くなり、55歳以上でまた減る（図1－6）。

離婚したいと言われた経験は加齢とともに増えるはずなのに、55歳以上で減るということは、55歳までに離婚してしまう人が多いということではないかと推察される。

妻から離婚したいと言われていなくても、潜在的には妻が離婚したいと思っているケースも多いだろうから、実際は4割くらいの妻が離婚願望を持っているものと推察される。

夫が離婚したいと思うことと、妻に離婚したいと言われることには相関がある。離婚願望が強い男性のほぼ半数、49％が、妻から離婚したいと言われている（図1－7）。

また、すでに離婚している単身男性では、67％が離婚したいと言われたことがある。

こう書くと、50代の離婚が非常に多いとか、増えているという印象を与えるかもしれないが、実態は違う。有配偶者数に対する離婚者数が多いのはつねに若いときであり、近年

離婚願望が強い男性ほど隠れ家願望も強い

図1-5　離婚願望度別 隠れ家が欲しいと思ったことがあるか

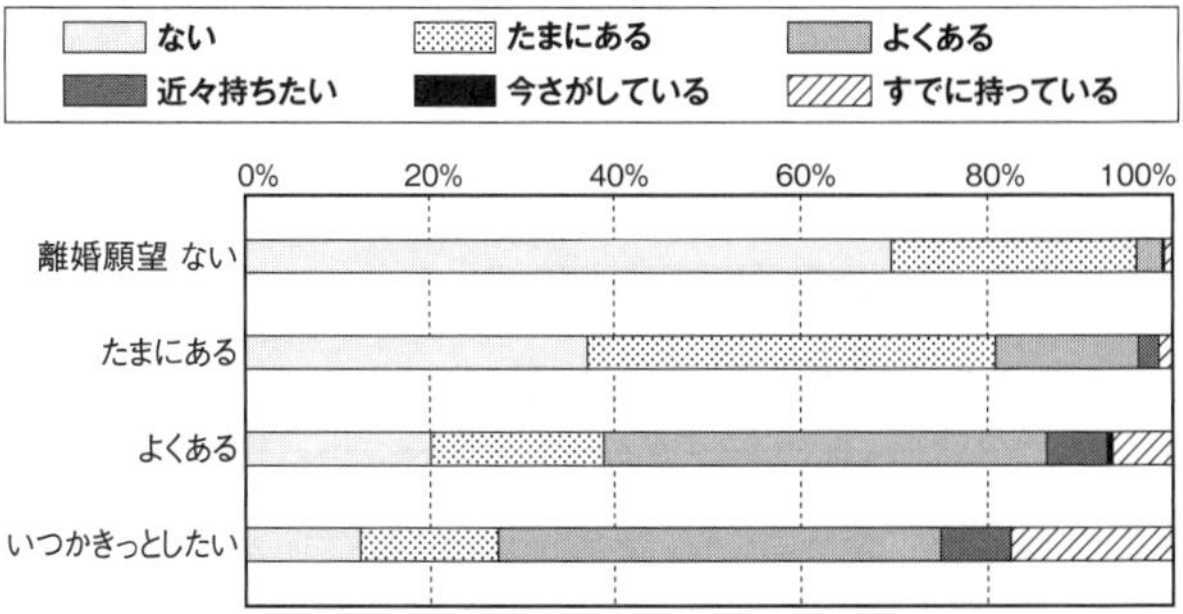

資料:カルチャースタディーズ研究所「中高年男性調査」2010　調査実施:(株)ネットマイル

25%の男性が妻から離婚したいと言われたことが

図1-6　年齢別 妻から離婚したいと言われたことがあるか

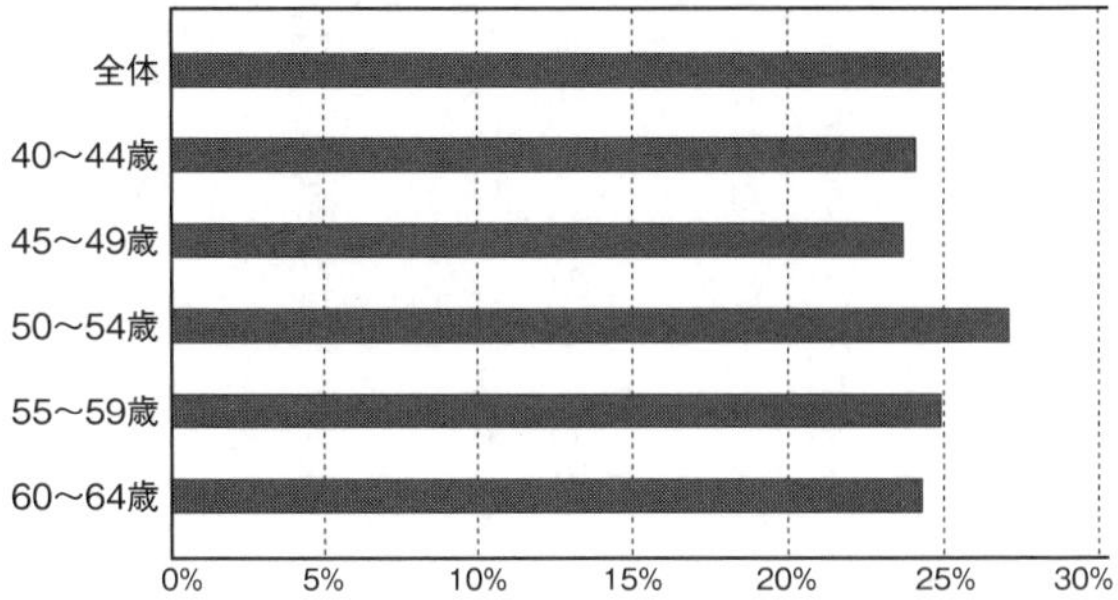

資料:カルチャースタディーズ研究所「中高年男性調査」2010　調査実施:(株)ネットマイル

離婚願望が強い夫ほど離婚されたいと言われている

図1-7　離婚願望度別 妻から離婚したいと言われたことがある割合

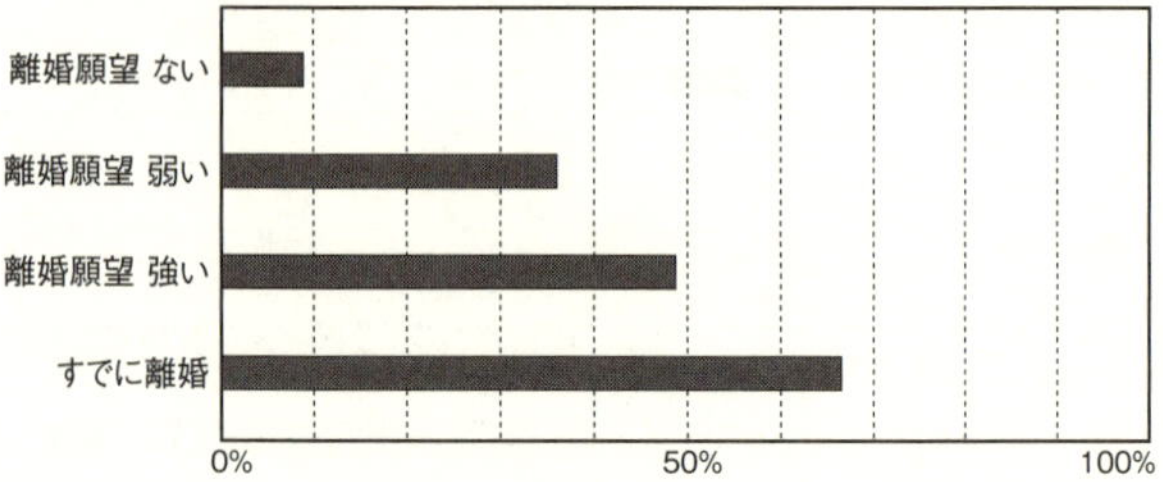

資料:カルチャースタディーズ研究所「中高年男性調査」2010　調査実施:(株)ネットマイル

離婚が増えているのも若年層である。50代の離婚も増えているが、わずかである（図１－８）。離婚する人の多くは30代までに離婚してしまうのである。

夫が離婚したいと思うかは、自分や妻の年収とは関係ない

離婚願望と年収には、はっきりした傾向はない。離婚願望が強い男性は、どの年収の男性でも８％前後である（図１－９）。

ただし、１５００万円以上の男性だけが、「いつかきっと離婚したいと思う」が６・１％で多い。これは経済力があったほうが、慰謝料が払いやすい、次の女性とも結婚しやすいという理由からであろう。

しかし、そもそも年収１５００万円以上の男性の絶

中高年の離婚は若年に比べれば少ない

図1-8　男女別・年齢別 有配偶者の離婚率

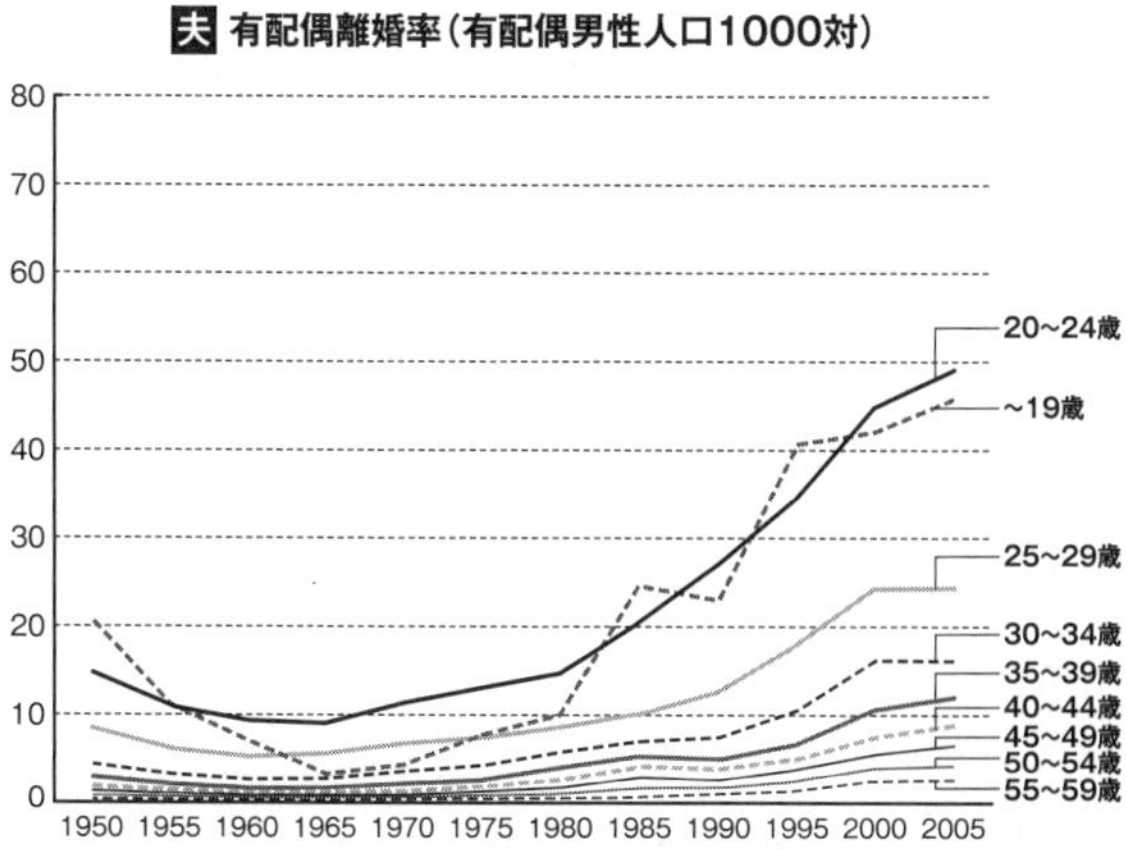

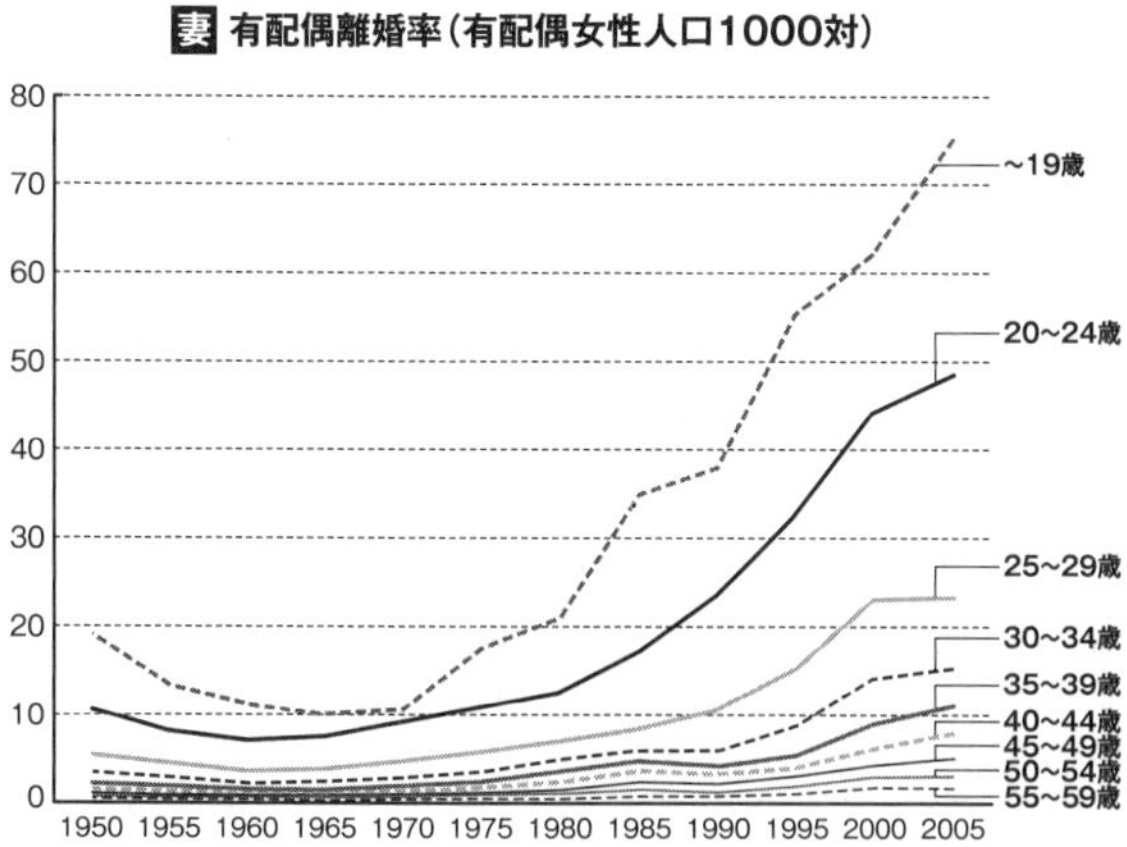

資料:『平成23年版 厚生労働白書』

夫の年収と離婚願望には相関はない

図1-9　夫の年収別 離婚したいと思ったことがあるか

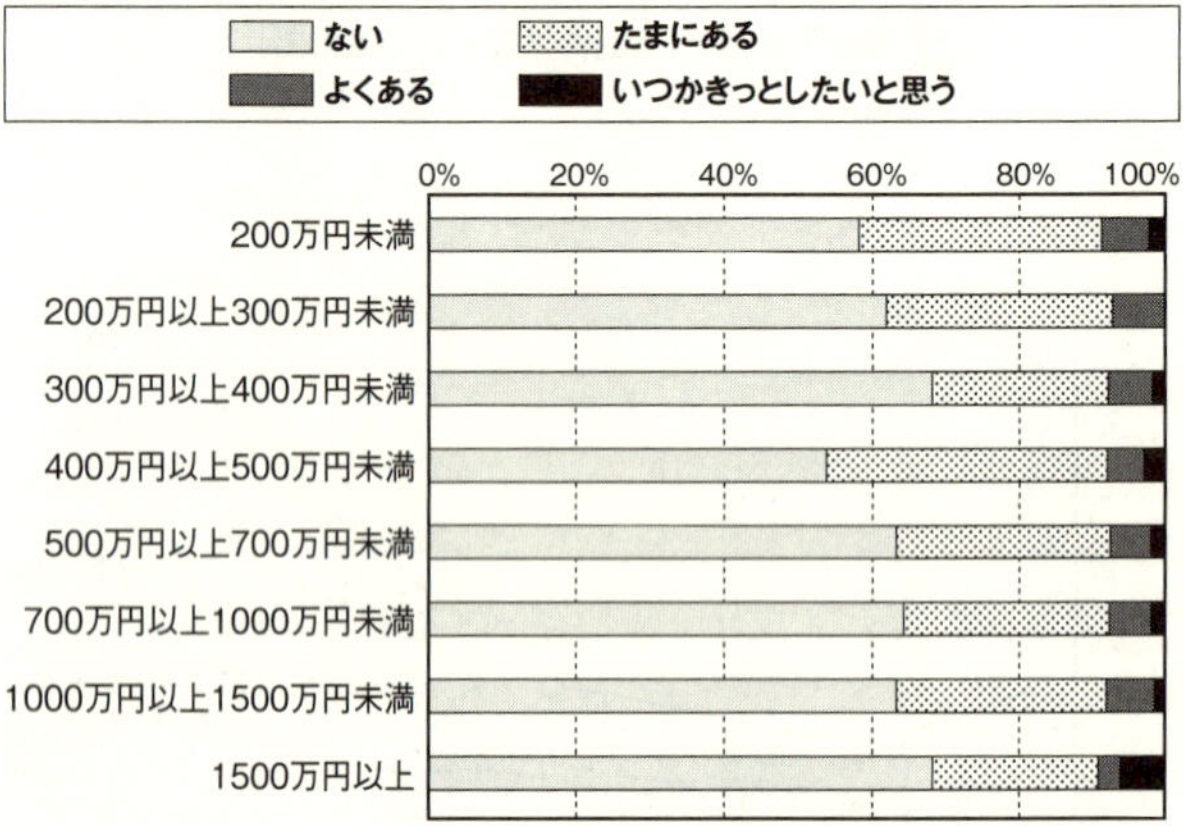

資料:カルチャースタディーズ研究所「中高年男性調査」2010　調査実施:(株)ネットマイル

対数は少ないので、離婚の趨勢自体に影響を与えるものではない。

妻の年収と離婚願望にも、はっきりした関係はない。ただし、妻の年収が700万円以上だと、夫が「いつかきっと離婚したいと思う」割合が高いようである（図1-10）。しかしこれも絶対数が少ないので、離婚全体に影響を与える数字ではない。

妻の年収が700万円以上だと夫が「いつかきっと離婚したいと思う」割合が高い理由は、年収が高いこと自体が夫の不満になる、ということも考えられるが、それ以外に、妻のライフス

妻の年収と夫の離婚願望にもあまり相関はない

図1-10　妻の年収別 離婚したいと思ったことがあるか

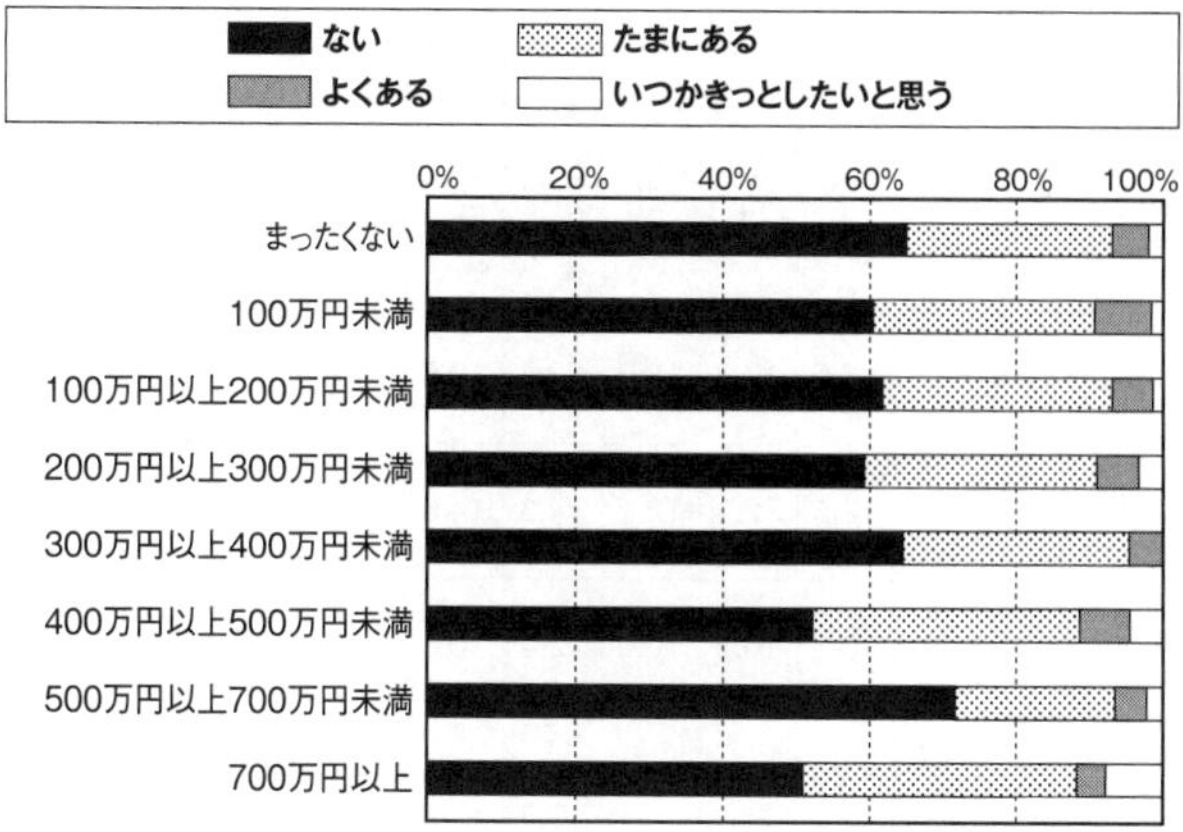

資料:カルチャースタディーズ研究所「中高年男性調査」2010　調査実施:(株)ネットマイル

タイルの問題がある。

年収が高いということは残業が多い可能性も高い。ゆえに、妻が夜遅くまで帰らないとか、朝も遅くまで起きないといったことが夫の不満になっている可能性がある。

実際、妻の年収別に妻の生活行動を見ると、年収700万円以上の妻は「あなたが帰宅したときに奥さんが帰宅していないことがよくある」が18％で、他の年収の妻よりも明らかに多い（表1－2）。

また「朝寝坊」26％、「夜型で、生活のリズムが狂いがち」16％、「あな

年収の高い妻は夜型

表1-2　妻の年収別 妻の生活行動（複数回答可）

(%)

	全体	まったくない	100万円未満	100万円以上200万円未満	200万円以上300万円未満	300万円以上400万円未満	400万円以上500万円未満	500万円以上700万円未満	700万円以上
朝寝坊である	18.5	17.3	18.0	19.4	19.5	21.5	29.5	17.4	**25.5**
夜型で、生活のリズムが狂いがち	12.5	12.2	12.1	14.3	14.6	10.8	11.4	8.7	**15.7**
あなたが出かけるときに寝ているままのことがよくある	10.2	10.1	10.0	12.4	10.6	6.2	11.4	6.5	11.8
あなたが帰宅したときに奥さんが帰宅していないことがよくある	3.9	0.8	3.2	4.6	11.4	12.3	13.6	10.9	**17.6**
あなたや家族に朝食をつくらないことがよくある	8.4	7.1	8.4	8.8	7.3	16.9	15.9	8.7	13.7
あなたや家族に夕食をつくらないことがよくある	4.5	3.1	3.6	4.6	5.7	7.7	13.6	8.7	**17.6**
料理を手作りせず、買って来たおかずを並べるだけのことがよくある	9.0	6.8	9.6	11.1	16.3	12.3	11.4	2.2	13.7

資料:カルチャースタディーズ研究所「中高年男性調査」2010　調査実施:(株)ネットマイル

たや家族に夕食をつくらないことがよくある」18%となっており、全体として妻が夫の面倒をあまり見ないことが夫の不満になっているものと推察される。

男性の年収が５００万円未満だと、結婚しにくいし、離婚しやすい

以上見てきたように、夫の年収も妻の年収も夫の離婚願望を高める決定的な要素ではない。

しかし、**夫の年収が低くなるほど、妻から離婚したいと言われた夫は増える。**

だいたい５００万円くらいに境目があり、７００万円以上だと離婚したいと言われた男性は21%ほどだが、５００万円以上７００万円未満だと23%、ところが５００万円未満だと30%近くに増加し、３００万円未満だと30%を超える（図１－11）。

金の切れ目が縁の切れ目ということで、残酷な数字である。ここには、経済的理由で男性が自殺しやすいという傾向と同じ背景があると言える。女性はお金のない男性が嫌いなのである。

拙著『下流社会』（光文社新書、２００５年）でも紹介したように、男性が結婚できるか

年収の低い夫は離婚したいと言われやすい

図1-11　夫の年収別 妻から離婚したいと言われたことがあるか

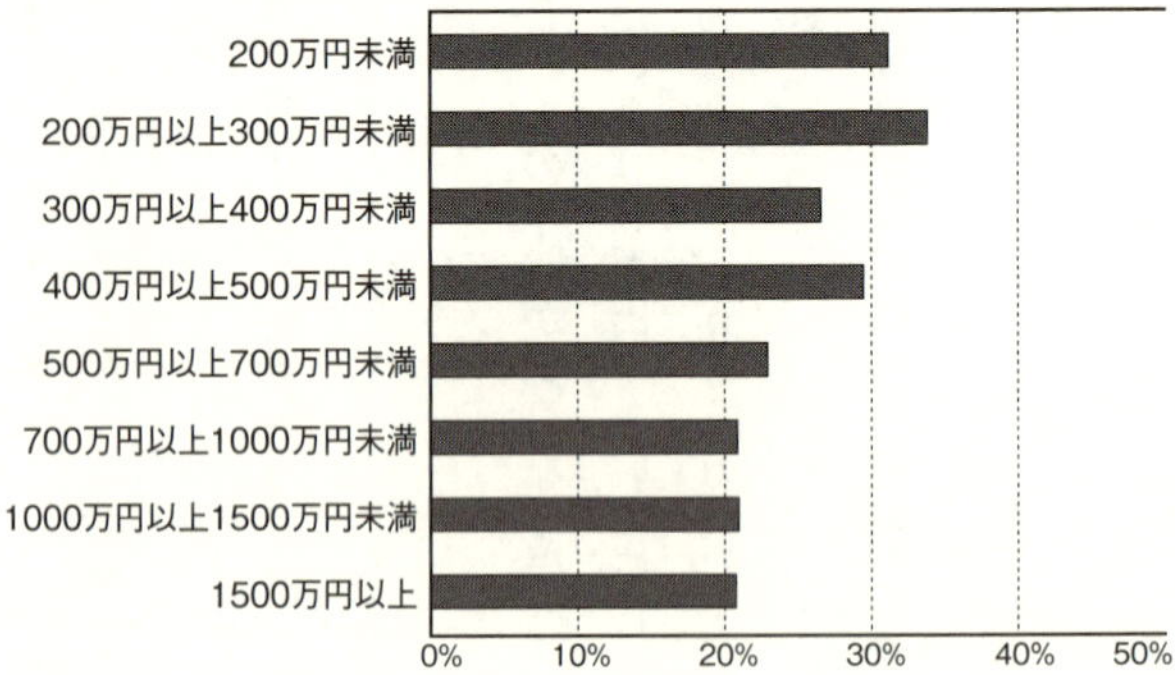

資料:カルチャースタディーズ研究所「中高年男性調査」2010　調査実施:(株)ネットマイル

どうか、子どもがつくれるかどうかも男性の年収と相関する。

ちょっとデータが古いが、総務省のデータによれば、たとえば25〜29歳の世帯主（主として男性）だと、年収５００万円以上ならば約半数が結婚しているが、２００万円台だと21％しかしていない。また、30〜34歳で年収５００万円以上ならば半数以上に子どもがいるが、２００万円台だと25％しか子どもがいない（図１－12）。

２０１０年の内閣府のデータでも、30代男性は年収が５００万円以上になると既婚率が高まり、かつ「恋人あり」が増え、既婚と「恋人あり」の合計が５割を超す（図１－13）。

年収の低い男性は結婚しにくいし、子どもをつくりにくい

図1-12　男性年収別 配偶者がいる者/配偶者及び子どもがいる者の割合

❶配偶者がいる者の割合

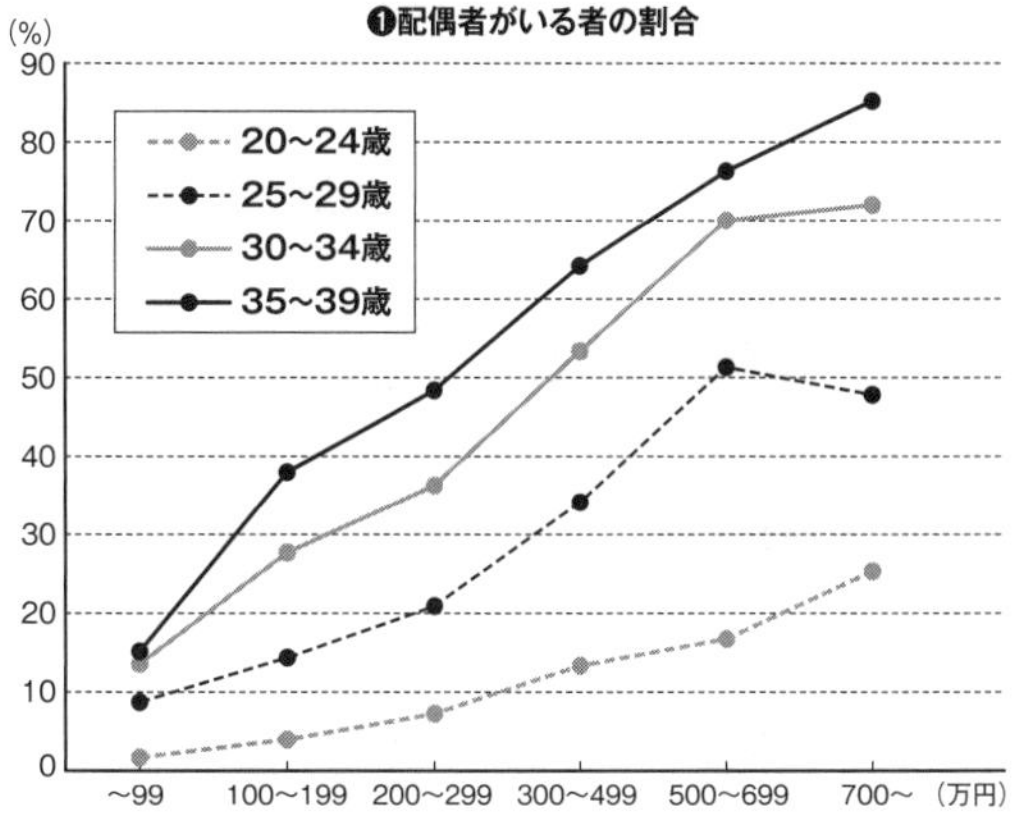

❷配偶者及び子どもがいる者の割合

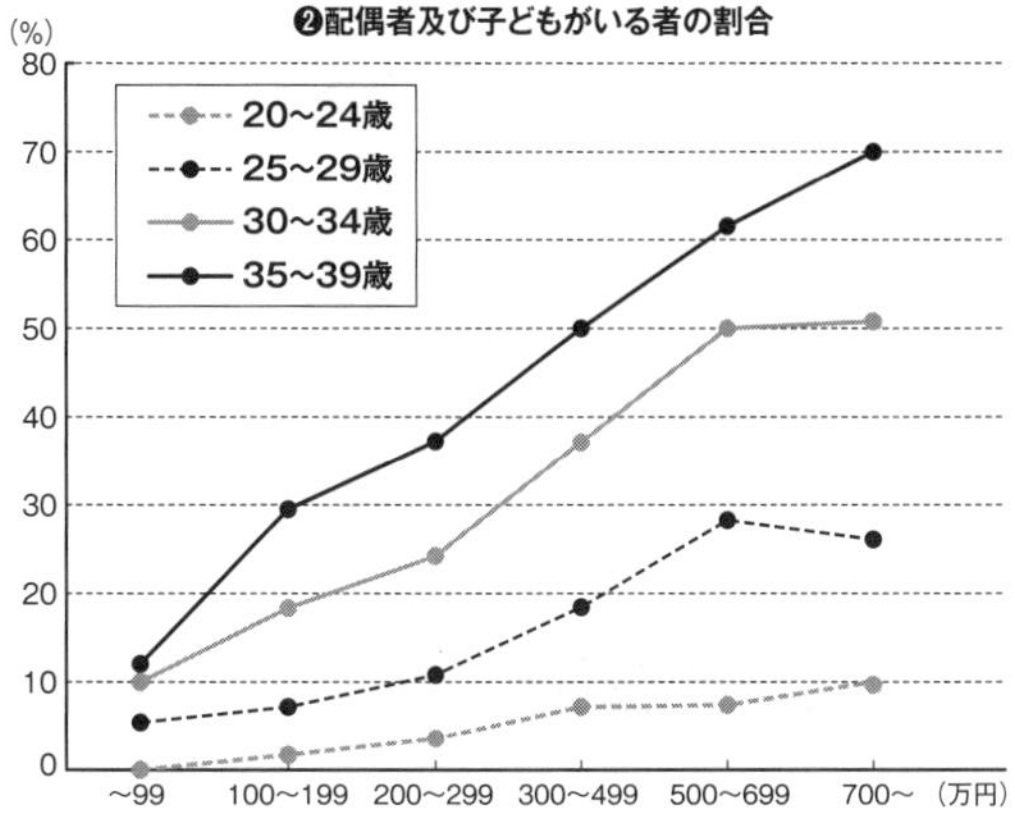

注:1.「仕事をおもにしている」者について集計した。
　2.図❷については、配偶者がいて、かつ15歳未満の世帯員がいる者の割合を集計した。
資料:総務省「就業構造基本調査」(2002年)再編加工

年収の低い男性は恋人がつくりにくい

図1-13　30代男性の年収別婚姻・交際状況

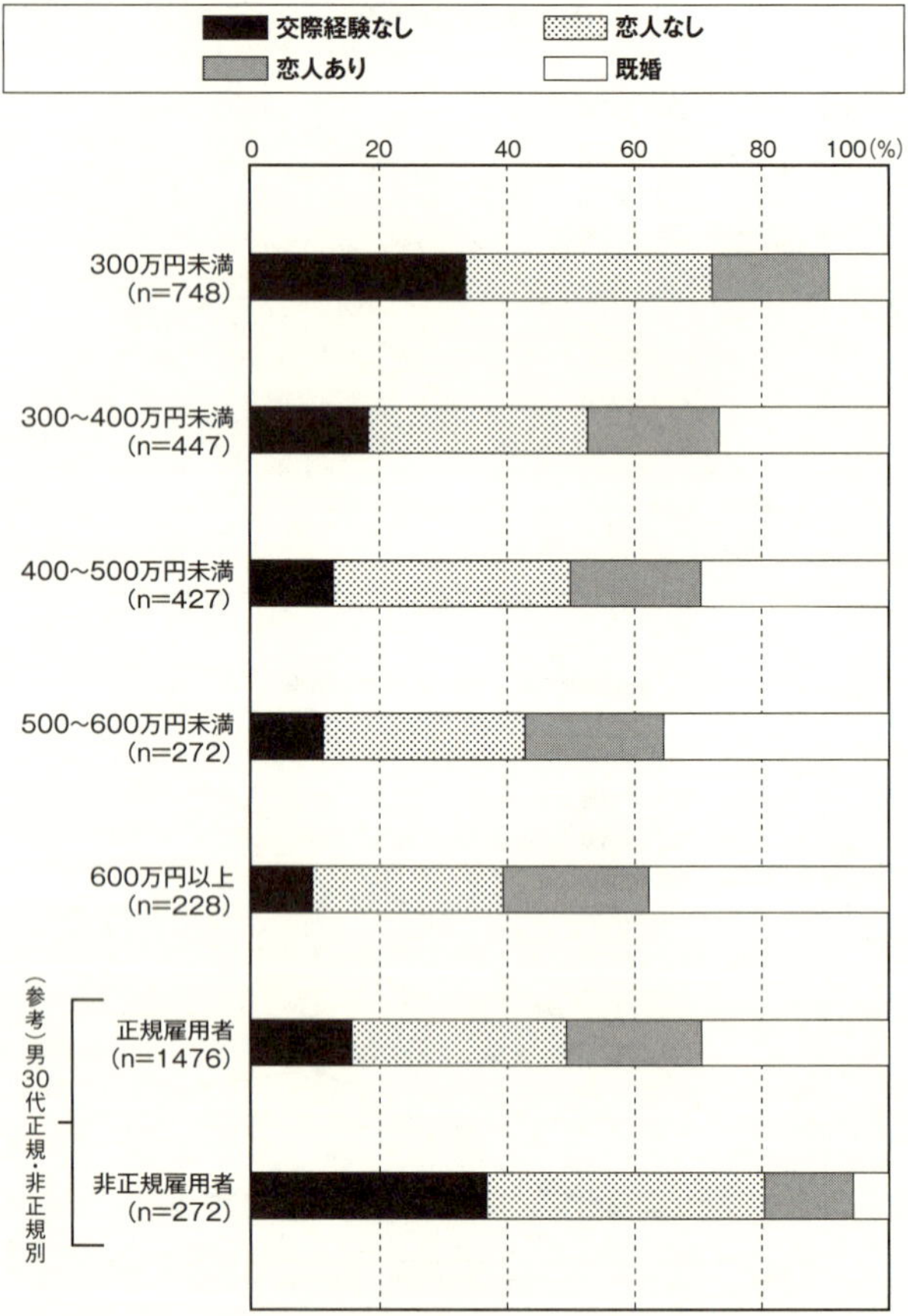

注:2010年9月～10月に実施された20～30代の未婚男女及び結婚3年以内の男女、
計10,000人を対象としたインターネット調査(登録モニター対象)による。
資料:内閣府「結婚・家族形成に関する意識調査」

増えつづける中年未婚男性

図1-14　男性の年齢別未婚率の推移

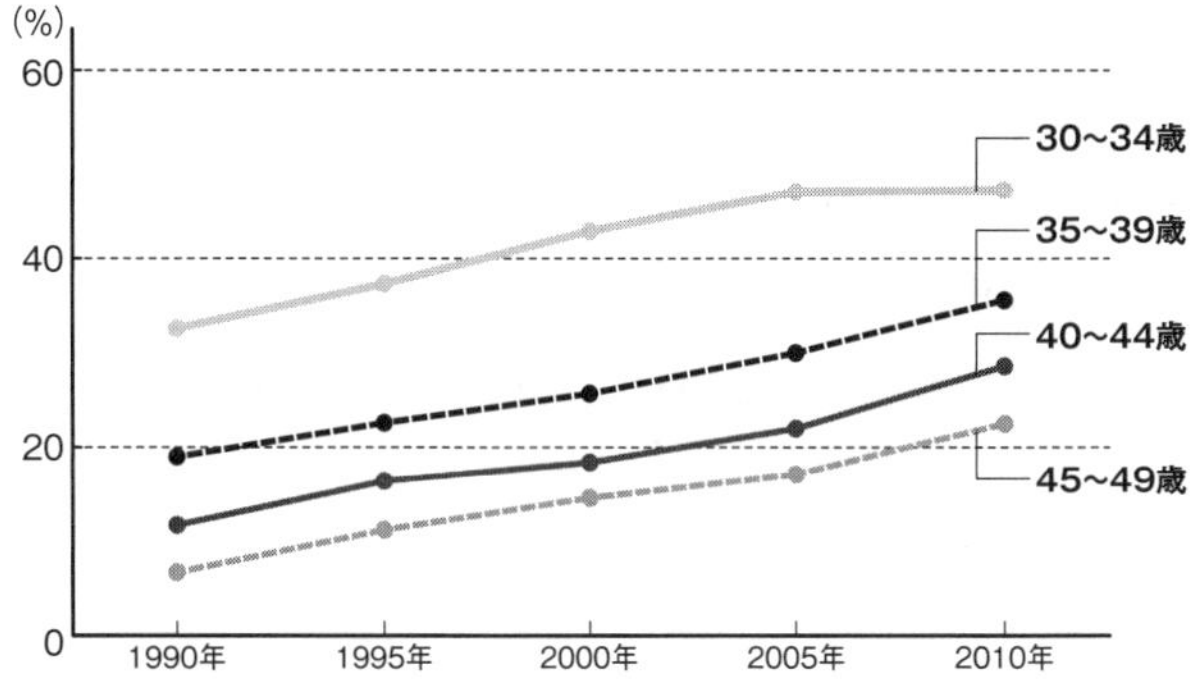

資料:総務省統計局「国勢調査」

そして、今回の私のデータが示すのは、たとえ結婚しても年収が５００万円未満だと離婚したいと言われる可能性が高まるということである。

つまり、年収５００万円未満の男性は、そもそも結婚しにくく、結婚しても離婚の危険性が高いということである。

言い換えれば、年収５００万円未満の男性は、離婚のリスクを感じているからこそ、結婚しないのだとも言える。絆《きずな》だ、つながりだと言われる社会の中で、結婚という最も重要な絆がこれだけ経済学的になっているのは、大きな矛盾である。

かくして、年収の低い男性を中心に膨大

35〜39歳の未婚男性は20年で約2倍になった

図1-15　35〜39歳男性の未婚者数の推移

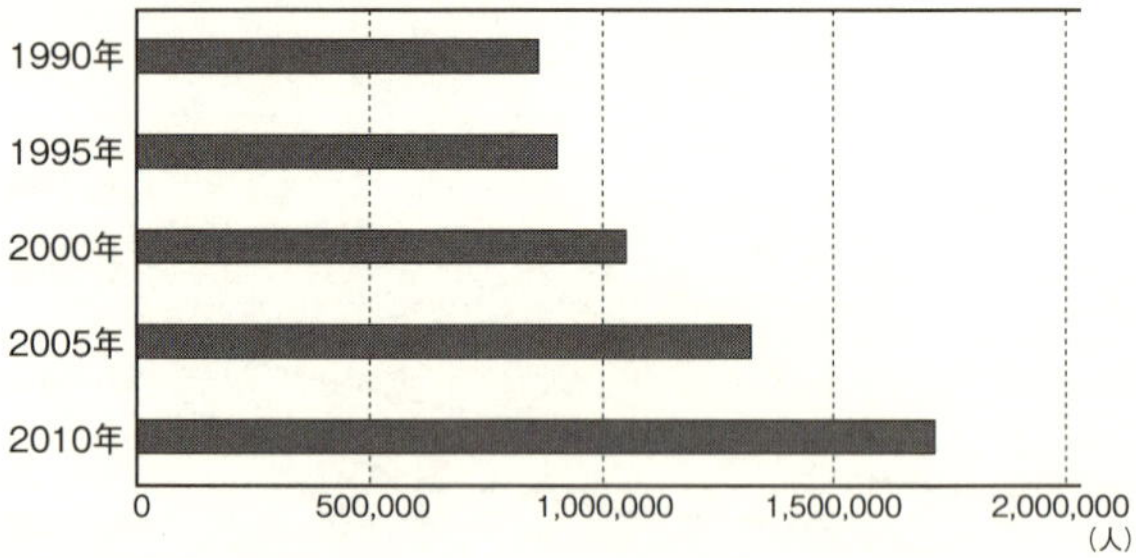

資料:総務省統計局「国勢調査」

な未婚者が30代にも40代にも増加する。2010年の「国勢調査」では、35〜39歳の男性の35%が未婚である（図1-14）。人口が多い第2次ベビーブーム世代は、バブル崩壊後に就職したために、十分な年収がない男性が増えた。そのため、ますます未婚男性の数が増えることになり、2005年には132万人だった35〜39歳の未婚男性数は、2010年には172万人に増えている（図1-15）。

妻の年収が低いか500万円以上だと、離婚したいと言われにくい

夫が妻から離婚したいと言われたことがある割合を、妻の年収別に見ると、妻の年収が低いほうが離婚したいと言われた割合は低い。収入がまったくな

い妻から離婚したいと言われる割合は20％、100万円未満の妻だと19％、100万円以上200万円未満だと18％である（図1－16）。

しかし、収入が200万円以上300万円未満だと25％に増え、300万円以上で23％ほどである。妻の年収が200万円以上になると、離婚したいと言われやすくなると言える。これは200～300万円年収があれば、妻が経済的に自立できるからであろう。

ただし、年収が200万円未満の妻が、経済的に自立できないから嫌々結婚を続けているとは言い切れない。そもそも離婚する気がないから収入を得ようとしないとも考えられるからである。逆に言えば、離婚したいと思った女性は200万円以上の年収を得ようとする、とも言えるのである。

だが、妻の年収が高くなればなるほど離婚したいと言いやすくなるわけではない。500万円以上だと、離婚したいと言われる夫は減る。これは、妻の年収が高いと夫の年収も高くなり、夫の年収が高いと妻から離婚したいと言いにくくなるということであろう。

そこで、妻の年収別に夫の年収を見ると、妻の年収がまったくない場合と、400万円以上ある場合で、夫の年収が500万円以上になる割合が7割を超える（表1－3）。つま

妻の年収が200〜500万円だと離婚したいと言われやすい

図1-16　妻の年収別 妻から離婚したいと言われたことがあるか

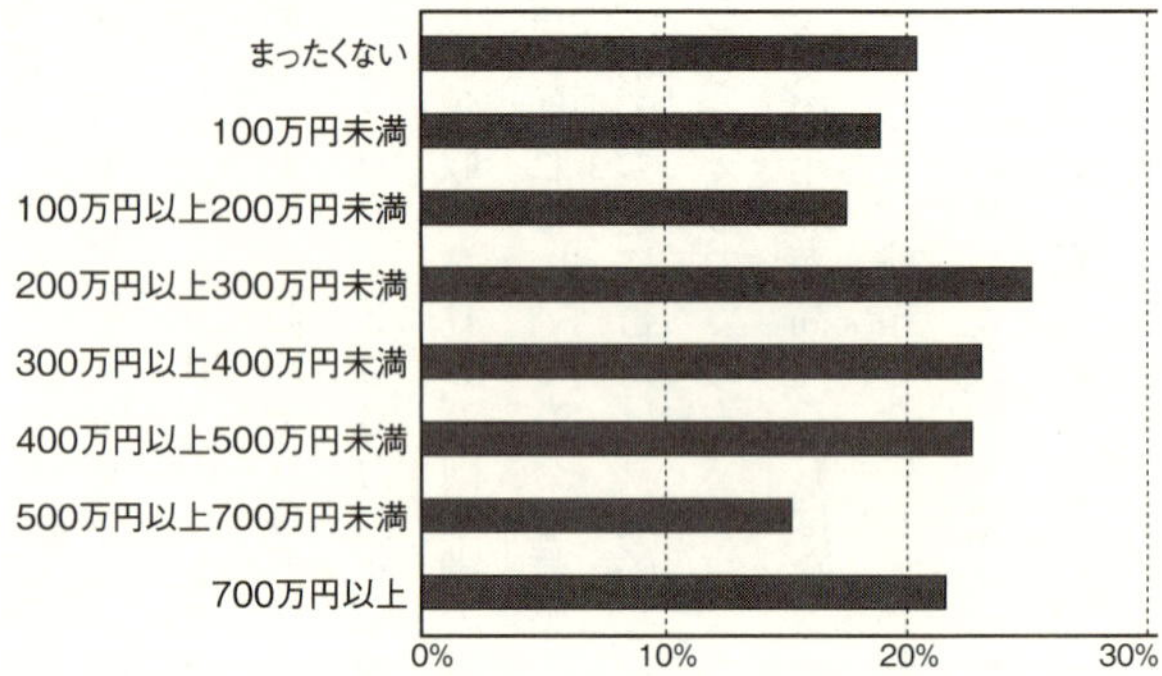

資料:カルチャースタディーズ研究所「中高年男性調査」2010　調査実施:(株)ネットマイル

り、夫の年収が５００万円以上あれば妻は専業主婦になりやすいし、妻の年収が５００万円以上あれば、夫の年収もそれ以上であるケースが増えるのである。

逆に言えば、夫の年収が５００万円未満だと、妻は２００万円以上を稼ごうとする、ということである。

逆に、夫の年収別に妻の年収を見ると、夫の年収が７００万円以上だと、妻の年収は「まったくない」が45%を超える。１００万円未満の妻も2割台である（図1－17）。

夫の年収が２００万円以上７００万円未満だと、妻の年収は「まったくない」が36～41%に減り、妻の年収１００万円未満が3割前

妻の年収が高いと夫の年収も高い

表1-3　妻の年収別 夫の年収が500万円以上の割合

(%)

まったくない	**70.5**
100万円未満	66.2
100万円以上200万円未満	60.4
200万円以上300万円未満	56.9
300万円以上400万円未満	67.7
400万円以上500万円未満	**72.7**
500万円以上700万円未満	**73.9**
700万円以上	**78.4**

資料:カルチャースタディーズ研究所「中高年男性調査」2010　調査実施:(株)ネットマイル

後に増える。パートに出る妻が増えるのである。

また、夫の年収が200万円以上400万円未満の場合は、妻の年収は100万円以上400万円未満のケースが増える。

ただし、夫の年収が1500万円以上だと、妻の年収が400万円以上というケースが約2割に増える。いわゆる「勝ち組夫」と「勝ち組妻」の「カチカチ婚」である。

しかし、妻の年収が「まったくない」と「100万円未満」の合計は、夫の年収にかかわらず7割前後である。その意味では、夫の年収が高くても低くても、妻の年収はほぼ100万円未満に抑えられていると言える。

夫の年収にかかわらず妻の年収は100万円未満が多い

図1-17　夫の年収別 妻の年収

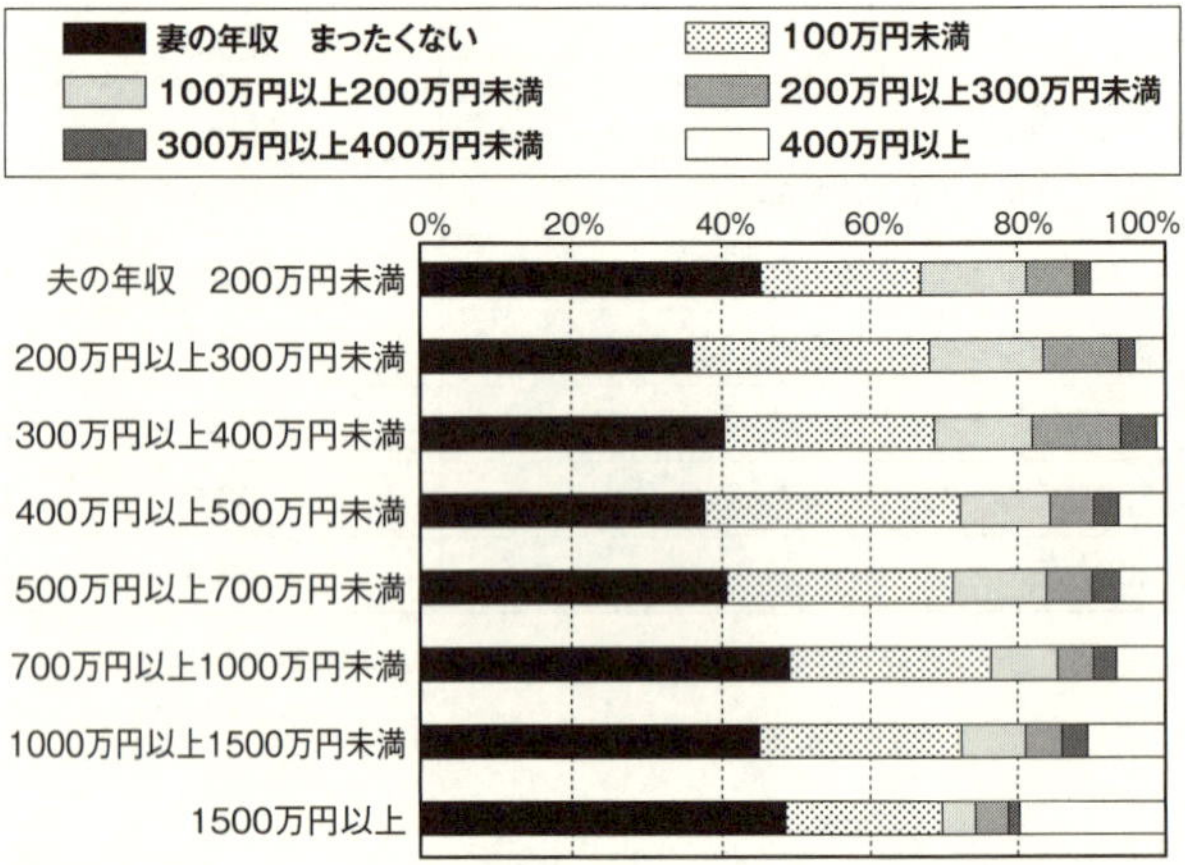

資料:カルチャースタディーズ研究所「中高年男性調査」2010　調査実施:(株)ネットマイル

こうして見てくると、

・夫の年収が高いと妻が専業主婦になりやすい

・妻の年収が高い場合は夫の年収も高い

・年収の高い妻は年収の高い男性と結婚するから、夫は妻から離婚したいと言われにくい

という、なんだかやりきれない結果なのである。

ただし、先述したように、夫の年収が低い場合、たとえば200万円以上300万円未満だと、妻の年収も200万円以上300万円未満という人が増えて、10%を超える。同様に夫の年収が300万円以上400万円未満だと、妻の年収は300万円以上400万円未満のケースが増える。つまり、夫婦とも同じように200万円以上300万円未満とか300万円以上400万円未満といったケースが増えるのである。

また、夫の年収が200万円未満だと、妻の年収が400万円以上となるケースも、10%と多くなる。このように夫婦の年収が拮抗《きっこう》するケース、あるいは逆転するケースは今後若い世代に増えるだろう。

ただし、先述したように、夫の年収が低いと離婚の可能性は高まる。だとしたら、夫婦とも年収200～300万円というケースが増えればますます離婚が増えるリスクも増すのかもしれない。

妻が働くと夫の離婚願望は上昇

次に、妻のライフコース別に、夫が離婚したいと思ったことがあるかを見てみる（図1－18）。

妻が「専業主婦タイプ」だと、離婚したいと思ったことが「ない」割合は64%であり、また「ディンクスタイプ」だと、「ない」が最も多く、ほぼ7割である。つまり、世帯年収が高いと夫は離婚したいと思わないのである。ある意味当然の、身も蓋《ふた》もない結果である。

お金だけで結ばれるなんて、そんな仮面夫婦は嫌だという人もいるだろうが、正直に生きて貧乏になるより、仮面を着けてでも裕福に生きたい人が多いということは否定しがたい現実である。

他方、妻が一生仕事を続ける「継続就業タイプ」や「キャリアタイプ」の場合だと、夫が離婚したいと思うケースがやや多いように見える。

特に、短時間勤務の「継続就業タイプ」の妻の場合、夫が離婚を考えたことがない割合は53%しかない。どうせ継続就業するなら、年収の高い仕事をしてくれれば、夫としても納得できるし、満足感も持てるが、さほど多くない収入のために妻が働き続けるのは、夫としては、妻が家事をおろそかにしたり、自分の家事負担が増したりするので、あまり面白くないのであろう。

妻が働くと夫の離婚願望が増える

図1-18　妻のライフコース別
夫が離婚したいと思ったことがあるか

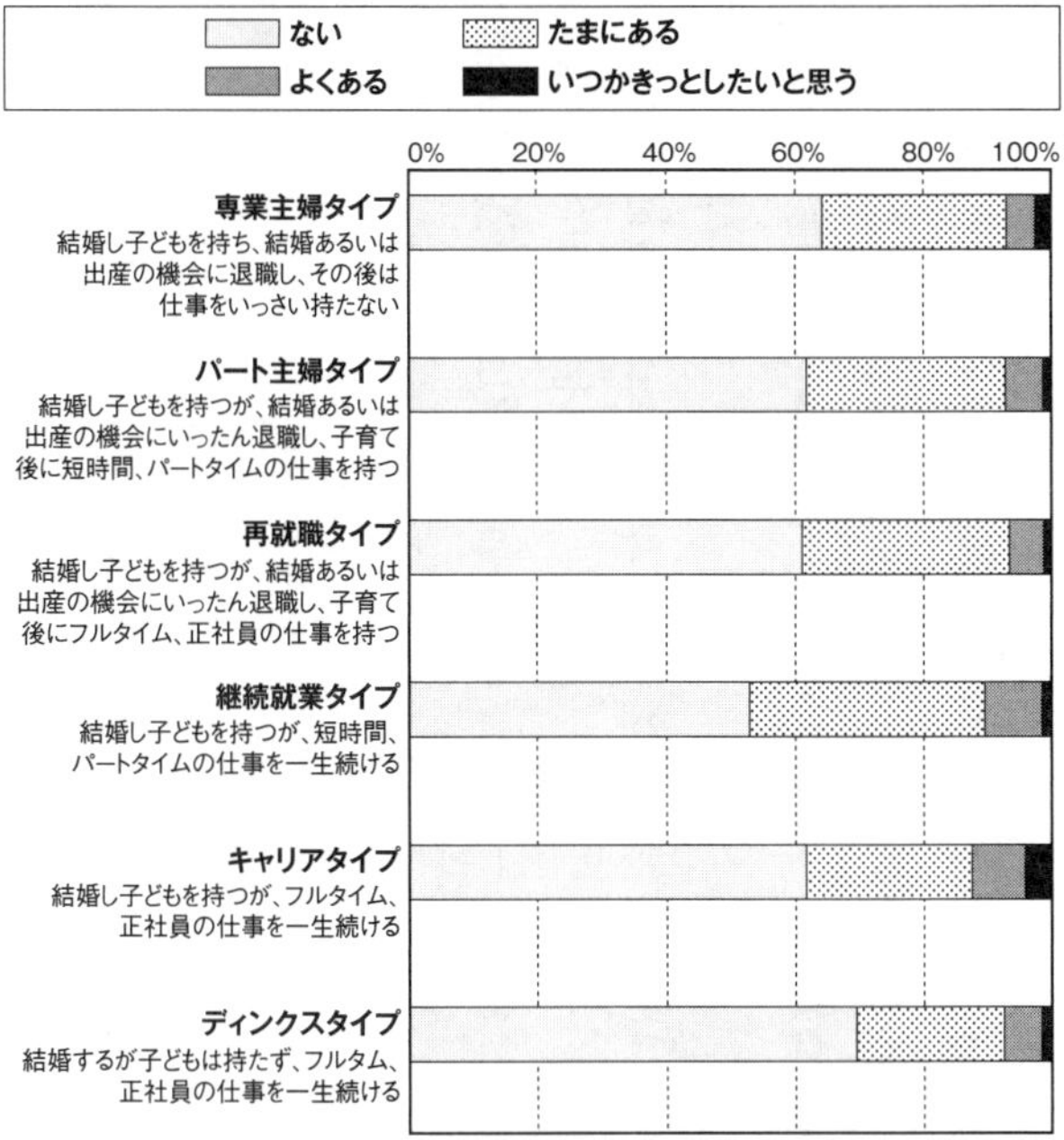

ない
たまにある
よくある
いつかきっとしたいと思う
0%
20%
40%
60%
80%
100%
専業主婦タイプ
結婚し子どもを持ち、結婚あるいは出産の機会に退職し、その後は仕事をいっさい持たない
パート主婦タイプ
結婚し子どもを持つが、結婚あるいは出産の機会にいったん退職し、子育て後に短時間、パートタイムの仕事を持つ
再就職タイプ
結婚し子どもを持つが、結婚あるいは出産の機会にいったん退職し、子育て後にフルタイム、正社員の仕事を持つ
継続就業タイプ
結婚し子どもを持つが、短時間、パートタイムの仕事を一生続ける
キャリアタイプ
結婚し子どもを持つが、フルタイム、正社員の仕事を一生続ける
ディンクスタイプ
結婚するが子どもは持たず、フルタム、正社員の仕事を一生続ける

資料:カルチャースタディーズ研究所「中高年男性調査」2010　調査実施:(株)ネットマイル

また、妻が「キャリアタイプ」の場合、離婚願望が強い男性が13%いる。「キャリアタイプ」の場合は、妻はそれなりに高い年収を稼いでいるはずだが、フルタイムで働くので、先述したように、家庭生活、夫婦生活の質が低下する危険を伴い、夫が不満を持ちやすくなるのであろう。

少子化対策の間違い

こうした結果から、結局男性は家事を妻だけに押しつけていると言って、男性の意識の「遅れ」を非難することはたやすい。

だが、夫婦共働きで子育てもする、というのは本当に大変である。私は自分の経験からそう言っているのである。

夫婦ともに地方公務員で5時帰りというならともかく、東京のような大都市圏に住み、夫婦とも民間企業で働き、通勤時間1時間以上で、残業も多くて、子育てもして、という生活で、夫婦生活も楽しい、子育ても順調というわけには、なかなかいかないのが現実であろう。

政府は過去十数年、少子化対策のために、仕事と子育ての両立を望む夫婦を支援しようとしてきたが、まったく功を奏していない。それは支援策が不十分だからでもあるが、そもそも、フルタイムで残業もしながら仕事と子育てを両立しようと望む夫婦が少ないからではないかと私は考える。

言い換えれば、夫婦とも正社員で仕事と子育てを両立できる人は、相当能力も意欲も高い人であり、しばしば会社にも制度が整っている場合であって、普通の能力と意欲しかない人には両立は難しい。

おそらく、普通の意欲と能力を持った女性が仕事と子育てを両立させようとしたら、パートなどの短時間雇用を選ぶか、自宅でマイペースでできる仕事を選ぶようになるだろう。しかも、仕事と子育てを両立できる制度をつくれと言ってきた学者たちなどは、自分自身は子どもを産んだこともなければ、結婚したことすらない人々が多いのだ。子育てよりも自分の仕事が大事で、夜中まで本を読むのが好きな人々が政策を考えたのだ。そういう人々のつくり出した机上の空論が過去の少子化対策である。

もちろん私は、元祖イクメンとして、仕事と子育ての両立支援策には賛成である。しかしもっと徹底的に、かつ迅速にやらなければ効果は出ないのである。

保育所が増えたくらいで仕事と子育てを楽に両立できるはずはない。仕事の負担が大きすぎるのだ。子育て期の夫婦は男女ともに、正社員であっても、10時から4時勤務で、一切残業、休出なし、しかも給料が減らないというくらいの優遇をしなければ、普通の能力と意欲しかない人間は、仕事と子育ての両立をしようなどとは思わない。そんな大変な生活は嫌だと思った夫婦は、子どものいない「ディンクスタイプ」を選び、最も離婚リスクのない夫婦になったのである。

事例研究1　「サラリーマンの嫁でよかった」（夫43歳、妻40歳）

妻は大学卒業後、すぐに専業主婦になったんですが、その後、11時までセブンイレブンでバイトするようになり、バイトのあと飲みに行って、2時3時に帰る生活でした。給料も飲み代で結構つかっちゃうし。やりくりにも苦労しました。

その後、もう1回就職活動をしたいと妻が言うので、私も今のままじゃかわいそうだと思ったので、学校にでも行ったらと言いました。

結局、Webデザインの学校へ行って、卒業後、制作会社に入り企業のホームページ作成の仕事を始めました。すると、瞬く間に売れっ子になっちゃって。収入も1000万になったんです。徹夜とか、担当者との飲み会で帰りが2時3時が当たり前に。彼女も、もともとキャリア志向も強かったみたいで、夫婦の会話はせいぜい土日くらいになっていきました。この頃は生活も荒れて、離婚の文字が浮かびました。

その後、彼女はフリーになったんですが、Web制作の仕事が、中国人やインド人に取られて激減。年収も激減。やがて子どもができて、やはり、子はかすがいですね。今は育児に夢中です。子どもができて、ようやく妻の自己顕示欲が減ってきたのか、前のように、自分が自分が……の癖もだいぶなくなって、そこそこいいママをやってるんじゃないんですか。

仕事も自宅でできるので、年収300万円程度で頑張ってやってます。フリーで稼いでいたときは、私のことを「サラリーマンは自立してないからダメだ」とか「アンタがやっているのは仕事じゃない」とか散々言ってたくせに、今では「サラリーマンって安定しててていいよね」だとか「サラリーマンの嫁でよかった」とか言ってますよ。

専業主婦やパート主婦は、離婚したいとあまり言わない

妻のライフコース別に、夫が妻から離婚したいと言われたことがあるかを見ると、「専業主婦タイプ」や「パート主婦タイプ」の場合、夫が妻から離婚したいと言われるケースは2割程度であり、「再就職タイプ」「継続就業タイプ」「キャリアタイプ」「ディンクスタイプ」よりも10ポイントほど少ない（図1－19）。つまり、妻がより積極的に働こうとするほど、妻は離婚したいと言い出しやすいのである。

また、先述したことと併せて考えると、「継続就業タイプ」と「キャリアタイプ」は、夫が離婚したいと思いやすく、かつ妻からも離婚したいと言い出しやすいと言える。

さらに「ディンクスタイプ」は、夫は離婚したいと思いにくいが、妻から離婚したいと言い出しやすいと言える。

働く妻は離婚したいと言い出しやすい

図1-19　妻のライフコース別
妻から離婚したいと言われたことがあるか

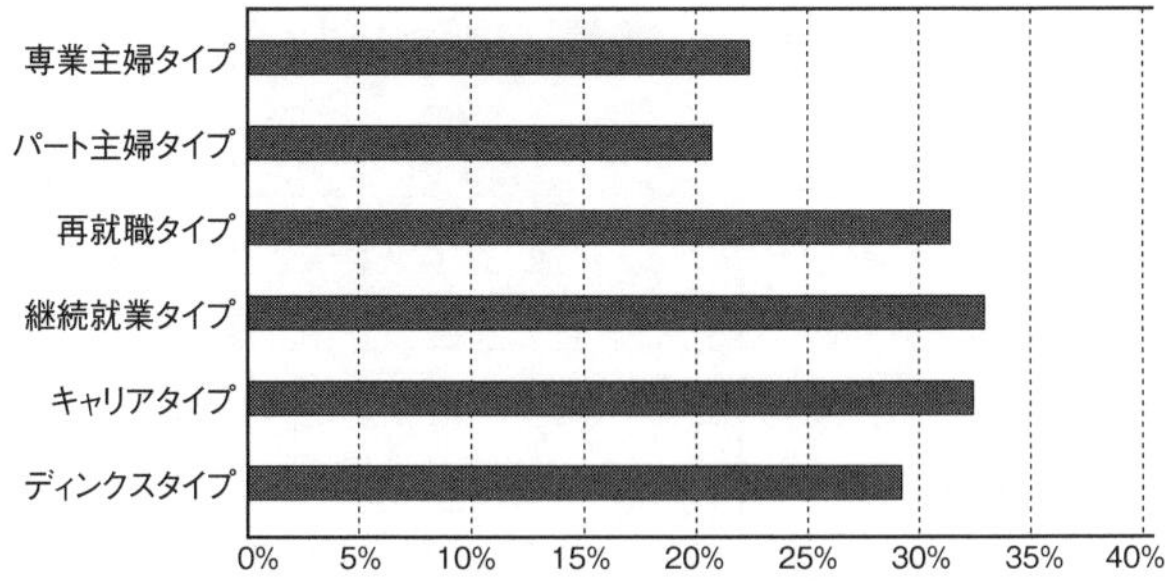

資料:カルチャースタディーズ研究所「中高年男性調査」2010　調査実施:(株)ネットマイル

マスコミなどでは、専業主婦が夫に耐えに耐え、定年とともに離婚するケースが増えていると騒ぎがちだが、データを見る限り、専業主婦は離婚したいとはあまり言わないのである。幸せそうな専業主婦でも、なかには不満を持つ人がいるからニュースになるのである。それは、犬が人をかんでもニュースにならないが、人が犬をかめばニュースになるということに過ぎない。要するに珍しいのである。

経済的に不安定な妻とは離婚したい

次に、妻の職業別に、夫の離婚願望を見ると、離婚願望が「ない」割合は、妻が「自由

妻が自由業、失業中だと夫は離婚したがる

図1-20　妻の職業別 夫が離婚したいと思ったことがあるか

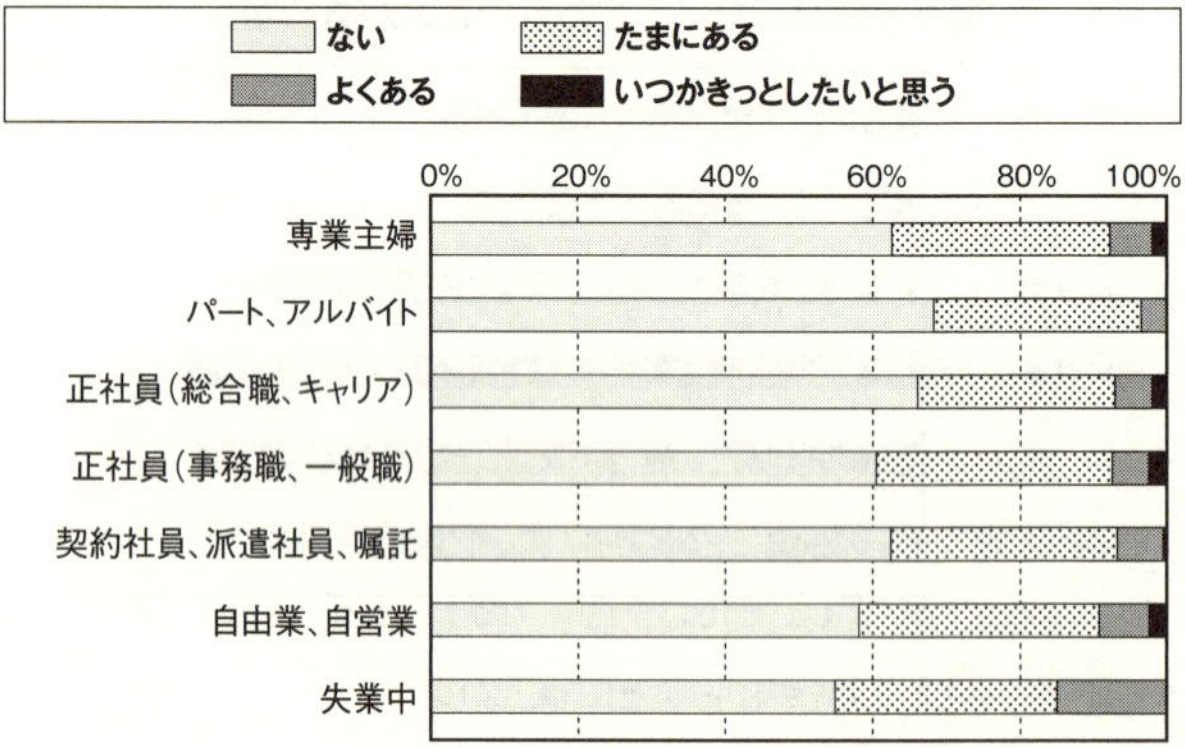

資料:カルチャースタディーズ研究所「中高年男性調査」2010　調査実施:(株)ネットマイル

業、自営業」である場合で低く、「パート、アルバイト」「正社員」である場合で高い（図1－20）。

また、サンプル数が20人しかないが、妻が「失業中」の場合は、離婚願望が「ない」夫は55％しかなく、「よくある」が15％と多い。

妻が「自由業、自営業」「失業中」という不安定な経済状態にある場合、夫から見ても妻は離婚したいと思いやすい存在になるのだ。

また、妻の職業別に、妻から離婚したいと言われた割合を見ると、「自由業、自営業」の妻を持つ夫は32％が離婚したいと言

自由業、失業中の妻は離婚したいと言いやすい

図1-21　妻の職業別 妻から離婚したいと言われたことがあるか

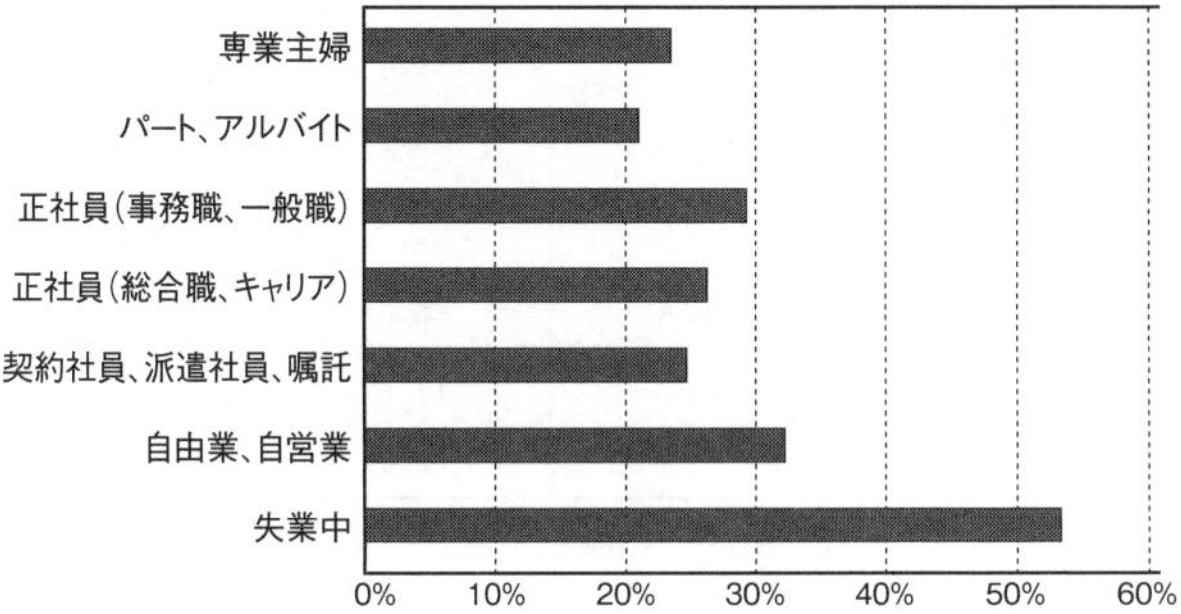

資料:カルチャースタディーズ研究所「中高年男性調査」2010　調査実施:(株)ネットマイル

われたことがある(図1-21)。「自由業、自営業」の妻は、夫から見て離婚したいと思いやすく、かつ、自分からも離婚したいと言い出しやすいのである。

それに対して、「専業主婦」は24%、「パート、アルバイト」は21%しか離婚したいと言わない。「パート、アルバイト」は最も「離婚したい」と言わない妻なのである。

なお、やはりサンプル数が少ないので参考値だが、「失業中」の妻が離婚したいと言うケースは53%にもなる。

パート主婦はちょうどいいライフスタイル?

以上見てきたように、「パート、アルバイ

団塊世代のパート主婦の生活満足度は高い

表1-4　団塊世代女性の属性別 生活全般への満足度

(%)

	専業主婦	パート主婦	民間企業の事務職、営業職など
満足	8.0	2.4	2.6
まあ満足	53.6	52.4	39.5
満足でも不満でもない	23.4	25.7	34.2
やや不満	12.2	17.1	17.1
不満	2.8	2.4	6.6

資料:カルチャースタディーズ研究所＋(株)文藝春秋「団塊世代調査」2006

ト」の妻は夫に離婚したいと言わないし、夫も離婚したいと思わない傾向が強い。逆に、「自由業、自営業」の妻は夫に離婚したいと言いやすいし、夫も離婚したいと思いやすい。

おそらく「自由業、自営業」の妻は自立意識が高いのだろうし、自由に使えるお金もあるだろう。時間を自由に使いたいという意識も強いだろうし、夫の面倒を見るより仕事を優先しがちなのだろう。結果、夫は離婚したいと思いやすいし、妻からも離婚したいと言い出しやすいのである。

だからといって、「パート、アルバイト」の妻が経済的に独立していないために仕方なく離婚を考えないようにしている、というわけでは必ずしもない。

私がかつて団塊世代の女性を対象に行った調査でも

パート主婦の夫婦生活満足度は悪くない

表1-5　28〜47歳女性の属性別 夫婦生活への満足度

(%)

	専業主婦	パート主婦	正規職員
満足	12.8	10.6	9.2
まあ満足	39.7	36.9	32.9
満足でも不満でもない	33.5	32.4	28.9
やや不満	9.2	14.1	18.4
不満	4.7	6.1	10.5

資料:カルチャースタディーズ研究所＋宝島社「母親調査」2007

「パート主婦」の妻の生活満足度は比較的高い（表1－4）。「専業主婦」がいちばん満足度が高いが、「パート主婦」との差はさほど大きくない。「民間企業の事務職、営業職など」で働く女性よりはずっと満足度が高いのである。

こうして見てくると、男女平等の観点からは問題もあるだろうが、あくまで現実的に考えると、パート主婦というのは夫婦関係を安定させるライフスタイルだと言えるのではないだろうか。

もちろんこれらのことは団塊世代だから言えることであり、現代の30代、40代には当てはまらない可能性もある。

だが、子どものいる28〜47歳の女性に対して私が行った調査でも、パート主婦の満足度は専業主婦ほどではないが、まあまあ高い（表1－5）。

これらのデータから見る限り、パート主婦は一定の満足度を得られるライフスタイルだと言える。

もちろん、どういうライフコースを歩むかは個人の自由であるべきであり、女だから専業主婦になれとか、パートで我慢しろと言われるべきではない。

また、専業主婦の生活満足度が高いからと言って、専業主婦でない女性が専業主婦になれば生活満足度が必ず上がるかというと、そうとは言い切れない。専業主婦でない女性が専業主婦になったらますます満足度が下がる可能性だってある。

逆に、専業主婦が正社員で働いたら生活満足度が下がるとも言い切れない。もしかするとますます満足度が上昇する可能性もある。

つまりは、ひとりひとりの性格、価値観、能力、またそのときどきで置かれている経済状況、年齢、体力などによって、専業主婦がいいか、パート主婦がいいか、正社員がいいかなどは変化する。

だから、理想を言えば、個々の人間のライフコースに応じて、そのときどきに最適な働

妻の学歴と離婚願望は関係ない

図1-22　妻の学歴別 離婚したいと思ったことがない割合

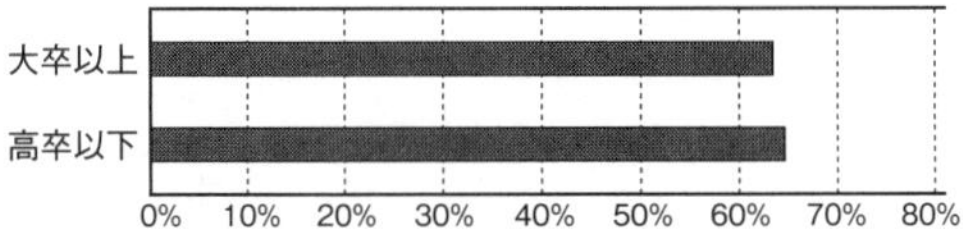

図1-23　妻の学歴別 妻から離婚したいと言われたことがあるか

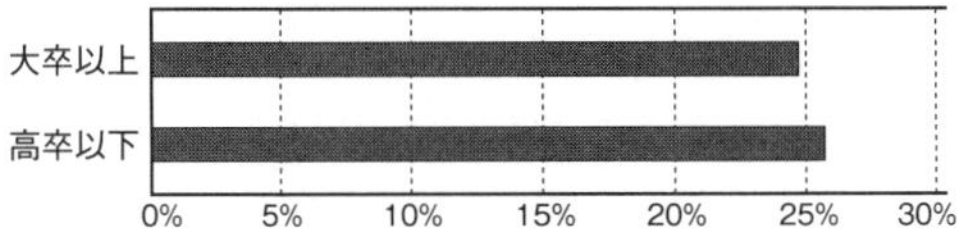

資料:カルチャースタディーズ研究所「中高年男性調査」2010　調査実施:（株）ネットマイル

き方を選べるのがよいのだろうが。

夫の学歴が低いほど離婚可能性は高まる

さて次に、学歴と離婚に関係があるかを見てみよう。

まず、妻の学歴が高いか低いかで、夫の離婚願望が増減することはない（図1－22）。また、離婚したいと言われることも増減しない（図1－23）。

しかし夫の学歴と離婚とは関係がある。離婚願望がない男性は大卒以上でやや多く、高卒以下ではやや少ない（図1－24）。つまり、**学歴が低いほうが離婚願望が強い**のである。

ただし年齢別では、40代で学歴による差が大

大卒以上のほうが離婚したいと思いにくい

図1-24　夫の学歴別 離婚したいと思ったことがない割合

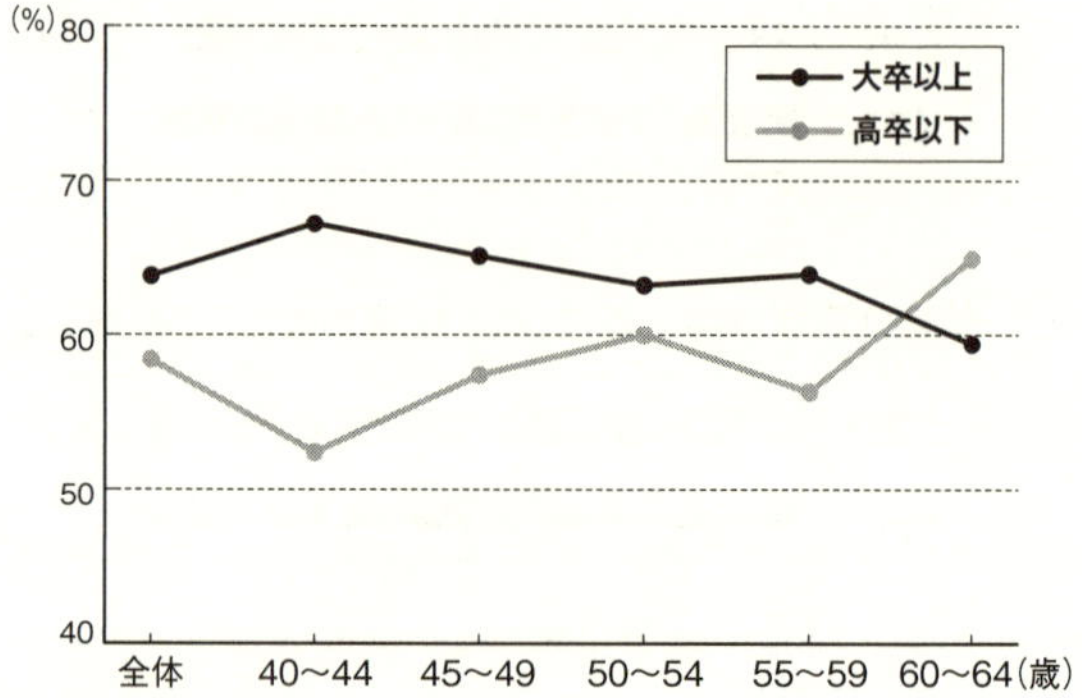

大卒以上のほうが妻から離婚したいと言われにくい

図1-25　夫の学歴別 妻から離婚したいと言われたことがあるか

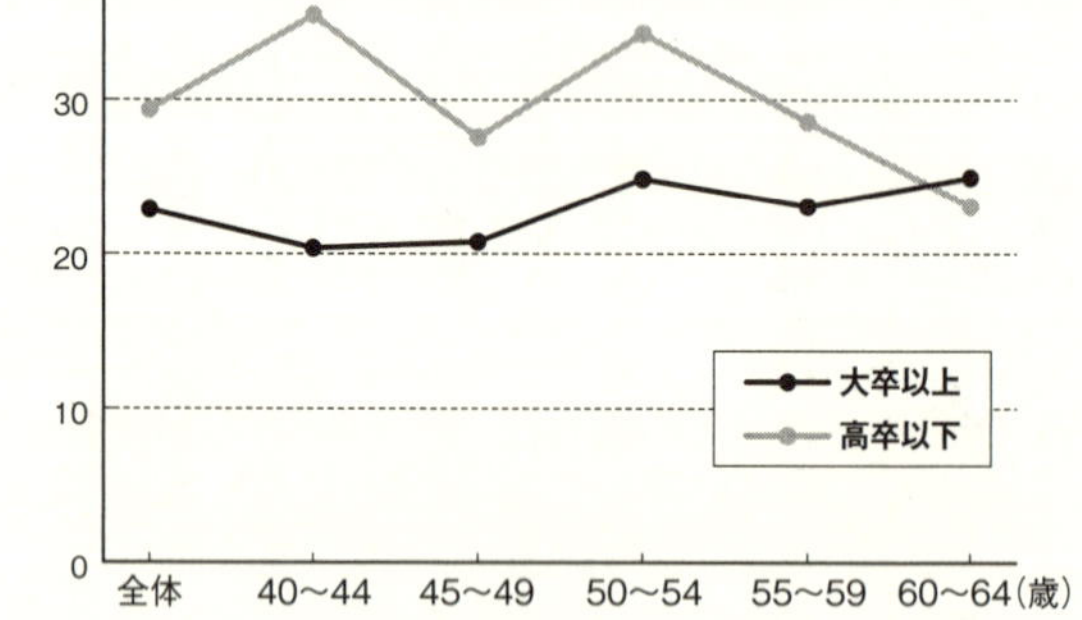

資料:カルチャースタディーズ研究所「中高年男性調査」2010　調査実施:(株)ネットマイル

年収700万円以上は大卒以上で多い

図1-26　夫の学歴別 夫の年収

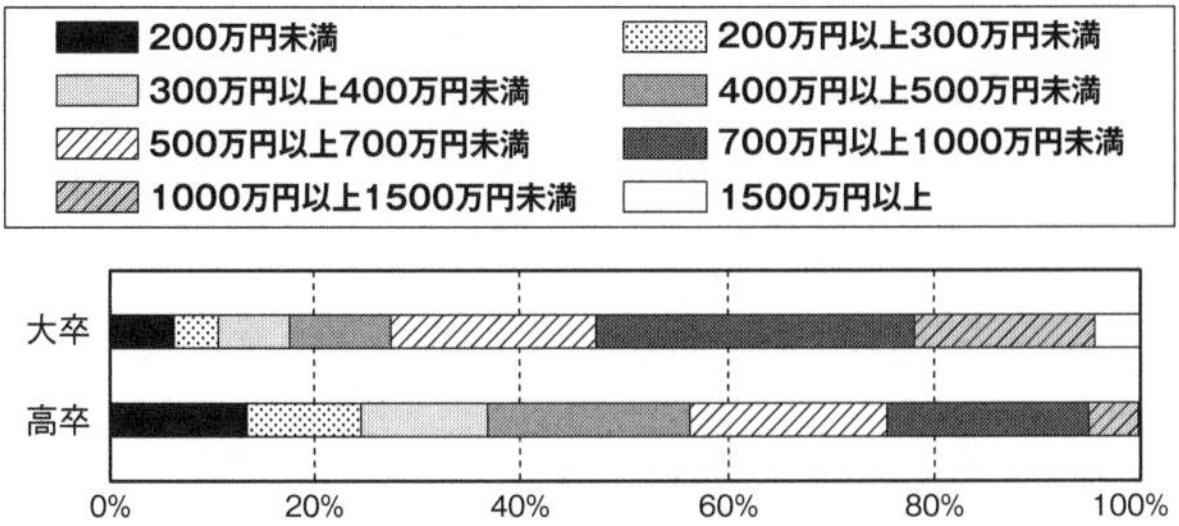

資料:カルチャースタディーズ研究所「中高年男性調査」2010　調査実施:(株)ネットマイル

きく、50〜54歳では差が少なく、60〜64歳では高卒以下の方が離婚したいと思った男性が少ない。若い世代ほど学歴による差が大きいのである。

また、妻から離婚したいと言われたことがある割合も、60〜64歳を除いて、大卒以上では総じて少なく、やはり若い世代ほど大卒以上と高卒以下の差が大きいのである（図1－25）。

これはなぜかというと、団塊世代である60〜64歳では高卒以下が多数派であり、それでも大企業で管理職になることもできた世代である。だから、高卒以下か大卒以上かという学歴の差が、それほど所得格差や社会的地位の格差に結びつかなかった。

だが、大学進学が大衆化し、男子では4割近くが大学に進むようになった現在の40代では、高卒以下

離婚願望が低いのは見合い後恋愛派

図1-27　見合いか恋愛か別 夫が離婚したいと思ったことがあるか

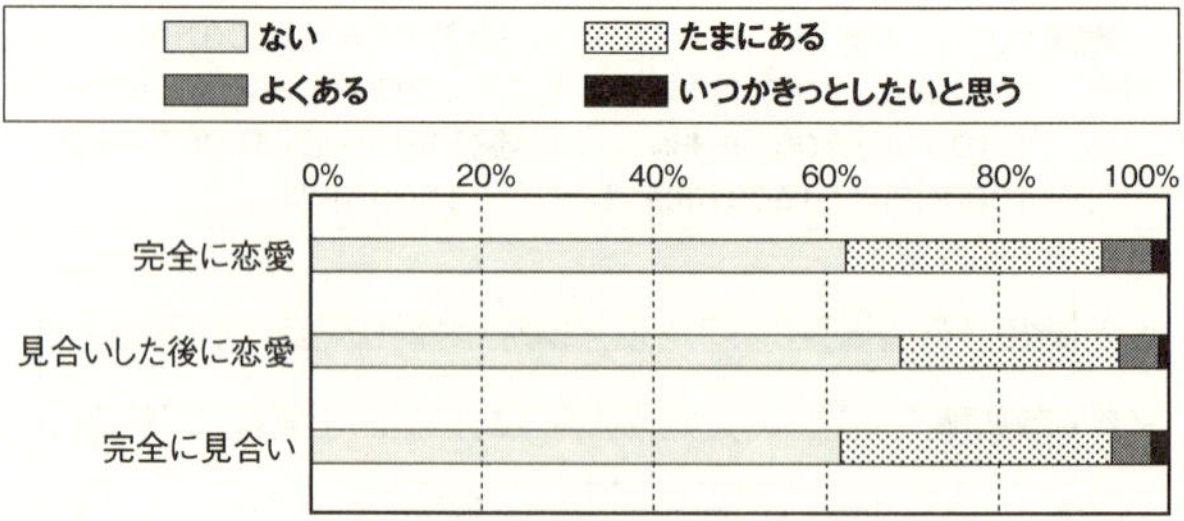

資料:カルチャースタディーズ研究所「中高年男性調査」2010　調査実施:(株)ネットマイル

か大卒以上かという学歴の格差が、そのまま所得格差や社会的地位の格差につながりやすくなっているのである（図1－26）。

まして今は景気が悪い。大卒管理職ならまだなんとか稼げるが、高卒だとリストラの危機も大きい。それが妻との関係を悪化させる一因になっているものと思われる。これは、序で述べた中高年男性の経済問題による自殺の多さと密接に関わる問題である。

「見合い後恋愛」の夫婦は離婚しにくい

ちょっと蛇足だが、恋愛結婚と見合い結婚で、どちらが離婚しやすいか見ておこう。

結論は、見合いをした後に恋愛をして結婚した夫婦において、離婚願望がない夫がやや多い（図1－

完全恋愛結婚派は妻から離婚したいと言われやすい

図1-28　見合いか恋愛か別　妻から離婚したいと言われたことがある割合

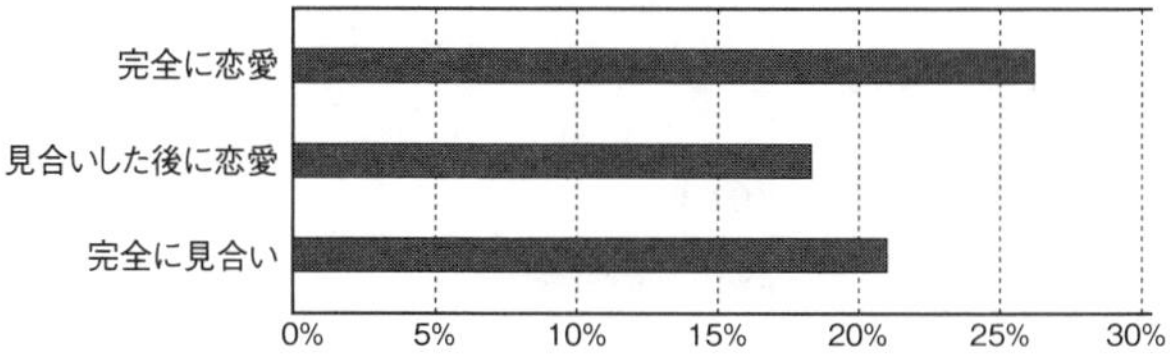

資料:カルチャースタディーズ研究所「中高年男性調査」2010　調査実施:(株)ネットマイル

27)。見合い結婚をする人は、結婚をしようという意志がはっきりしてから結婚している可能性が高い。かつ、そのうえ恋愛にまで発展したのだから、双方納得した結婚をした可能性が高い。それゆえ離婚を考えることも少ないのだと思われる。

「完全に恋愛」と「完全に見合い」の差はなかった。これはちょっと意外だった。「完全に恋愛」のほうが離婚を考えたことが多いかと思ったのである。「完全な恋愛」による結婚は、熱しやすく冷めやすい可能性が高いからである。

他方、「完全に恋愛」は、好きで一緒になったのだから、離婚しにくいという予測もありえた。好きでもないのに一緒になった見合いのほうが離婚しやすいだろうという仮説である。

やはり子はかすがいか

図1-29　離婚しない理由

- 世間体が悪いから
- 出世に悪影響を及ぼすから
- 自分が家事をするのは無理だから
- 慰謝料や離婚後の妻の生活費が払えないから
- 子どもがかわいそうだから
- 子どもと別れたくないから
- 妻が一人では経済的に自立できないから
- やはり離婚はしないほうがいい、いけないことだと思うから

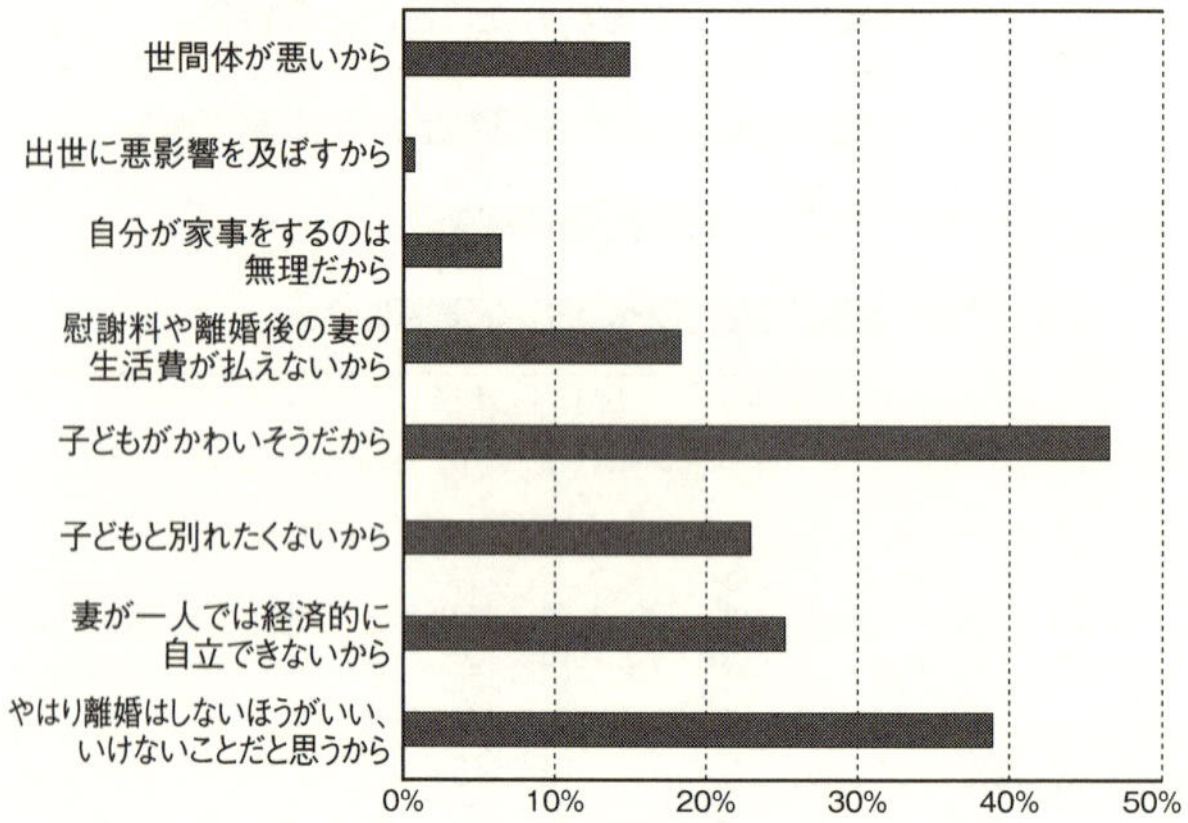

資料：カルチャースタディーズ研究所「中高年男性調査」2010　調査実施：（株）ネットマイル

また、見合いは媒酌人に会社の上司などがいるので、離婚しにくいという仮説にも説得力がある。

しかし、結果としては「見合い後恋愛」が最も離婚の危険性が低かった。ただし「見合い後恋愛」は絶対数が少ない。だから離婚しない夫婦を増やす効果はあまりないのである。

妻から離婚したいと言われるケースは、「完全に恋愛」の場合のほうが多い（図1－28）。これは、先述したように、熱しやすく冷めやすいというか、恋愛をして好きだから結婚した夫婦ほど、好きでなくなれば離婚したくなる、

ということであろう。

離婚しない理由

最後に、離婚したいのに、離婚をしない理由を見ておく（図1－29）。いちばん多いのはやはり「子どもがかわいそうだから」で47％。次いで「やはり離婚はしないほうがいい、いけないことだと思うから」が39％と多い。

また「妻が一人では経済的に自立できないから」も25％ある。したがって、経済的に自立した妻がもっと増えれば、離婚件数はもっと増えるだろうと推察される。

まとめ

離婚したいと思いやすい夫はこんな人

- 自分の学歴が高卒以下
- 自分の職業が自由業、自営業
- 妻が結婚出産後も継続して働いている
- 妻が自由業、自営業

離婚したいと言われやすい夫はこんな人

- 自分の年収が３００万円未満
- 自分の学歴が高卒以下
- 妻の年収が２００万円以上
- 妻が自由業、自営業

第2章　別れた男

離婚した男性の年収は低い

前章では、離婚願望を持っている男性を分析してきたが、本章では、すでに離婚して現在は単身である男性を追加し、両者を比較しながら分析をしてみたい。

まず、年収500万円以上の割合を見ると、離婚願望がない男性では69％だが、離婚男性では42％である。

逆に300万円未満の割合は、離婚願望がない男性では12％だが、離婚男性では33％もいる。このように離婚男性の年収が低めであることがわかる（図2－1）。

先述したように、夫の年収が低いと妻から離婚したいと言われる可能性は高まる。年収300万円未満だと3割以上の夫が離婚したいと言われている（56ページ参照）。

そして実際、離婚男性の年収は300万円未満が33％なのである。年収が低いほど離婚したいと言われやすく、実際に離婚する可能性も高いのである。

離婚願望の強弱による年収の差はほとんどない。離婚した男性だけが年収が低いのである。年収が低いことが現実に離婚するうえで大きな条件になるということが、ここからも

離婚男性の年収は低い

図2-1　離婚願望度別および離婚男性の年収

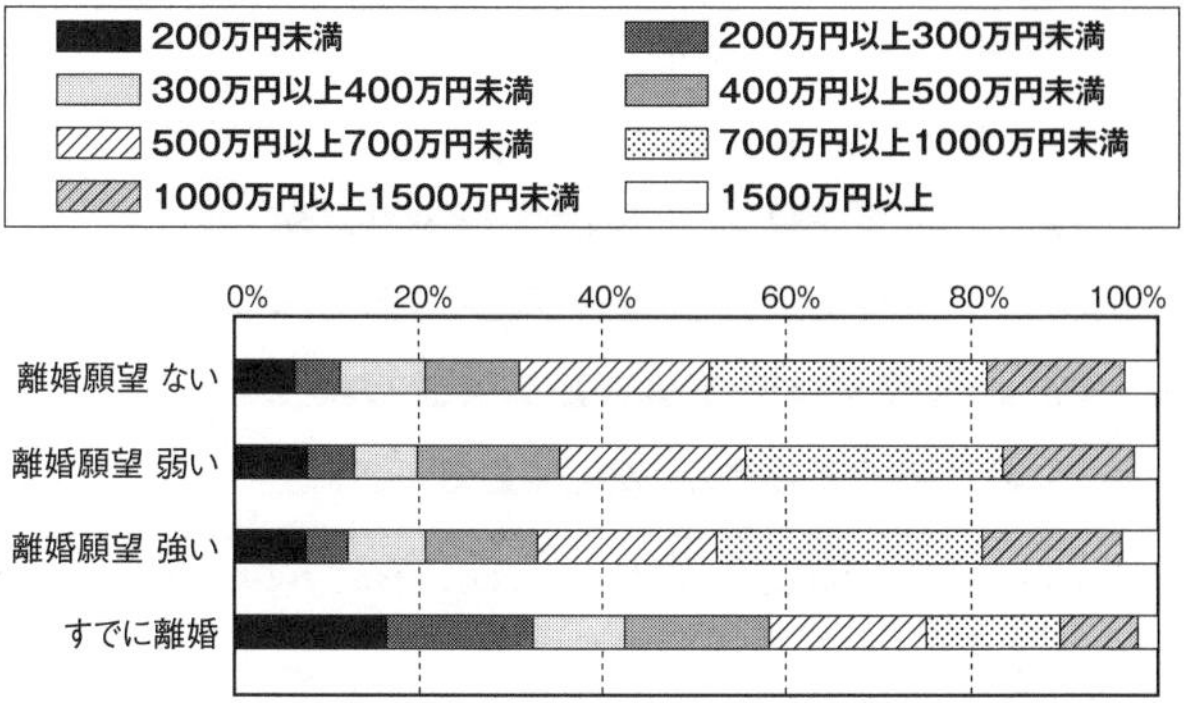

資料:カルチャースタディーズ研究所「中高年男性調査」2010　調査実施:(株)ネットマイル

わかる。

なお、離婚男性でも、年収が高い時期はあったが、リストラ、事業の失敗などで年収が下がり、それが離婚の原因になった可能性も大いに考えられるだろう。

離婚した男性は学歴も低い

学歴について見ると、離婚男性は学歴が低く(図2-2)、別れた妻の学歴も低い(図2-3)。低学歴同士の結婚は離婚もしやすいということになる。

また、男性の場合、離婚願望が「ない」→「弱い」→「強い」となるほど、わずかずつだが「大卒以上」が減る。離婚願望が

離婚願望が強まるほど学歴は低下

図2-2　離婚願望度別および離婚男性の学歴

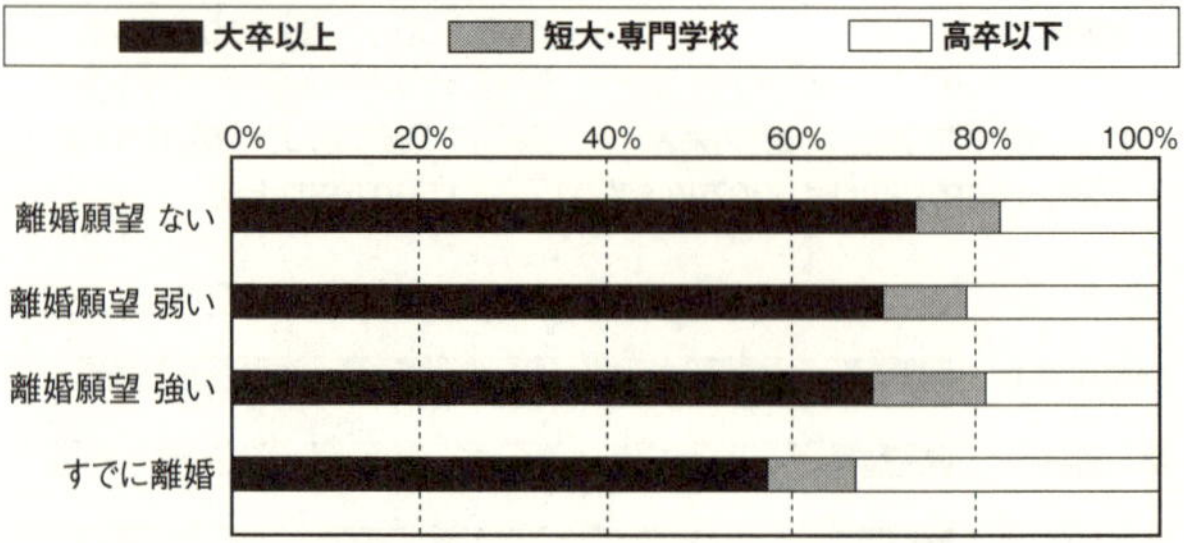

資料:カルチャースタディーズ研究所「中高年男性調査」2010　調査実施:(株)ネットマイル

強い男性のほうが学歴が低いのである。

いずれにしろ、離婚と学歴に強い相関があることは間違いない。テレビドラマなどを見ると、高収入の都会的なビジネスマンやキャリアウーマンが離婚をするケースが多いが、現実は違うのである。それは、先述したように、犬が人をかんでもニュースにならないが、人が犬をかめばニュースになるというのと同じである。年収も学歴も低い人が離婚するのは当たり前すぎてニュースにもドラマにもならない。年収も学歴も高い人が離婚するからこそ、それが珍しいから、ニュースになりドラマになるのである。

厚生労働省の平成22年度「出生に関する統計」によれば、「結婚期間が妊娠期間より短い出生」、

離婚した男性の元妻の学歴は低め

図2-3　離婚願望度別および離婚男性の妻（元妻）の学歴

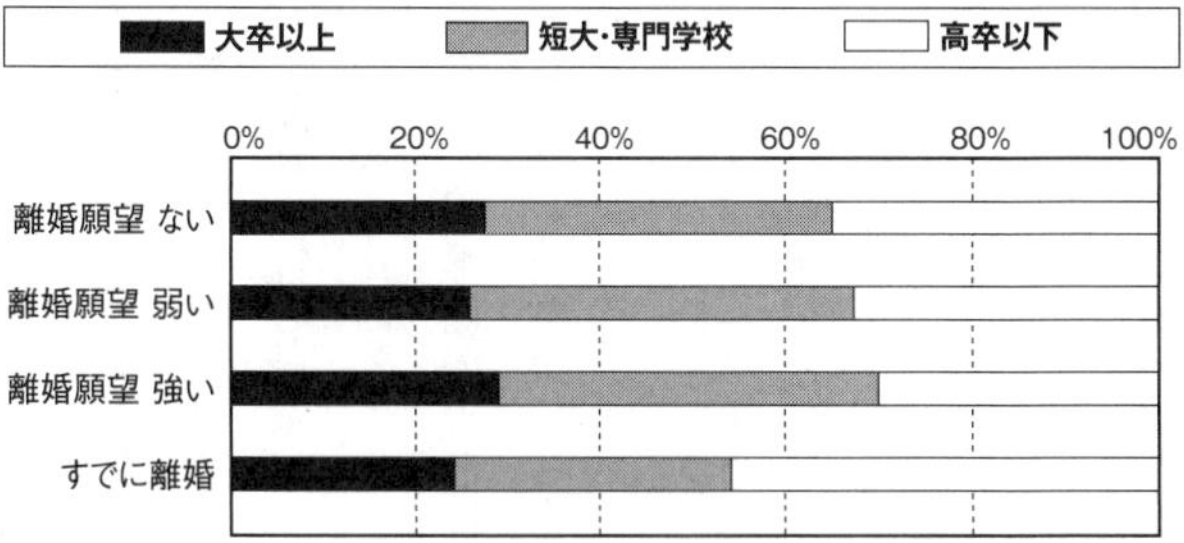

資料:カルチャースタディーズ研究所「中高年男性調査」2010　調査実施:（株）ネットマイル

つまり「できちゃった婚」の数は、平成7年には第1子出生数の22・5％だったのが、近年は26％前後に増えている。

これを母の年齢別に見ると、15〜19歳はほぼ8割、20〜24歳は6割以上、25〜29歳でも2割以上が「できちゃった婚」なのである。

「できちゃった婚」でも何でも結婚はよろこばしいはずだが、しかし、現実には、これらの結婚がしばしば離婚に終わり、若いシングルマザーが増加していることが問題になっている。

今、20代で「できちゃった婚」をする男女の年収や学歴は、おそらく平均的な20代よりも低い。離婚は階層問題でもあるのだ。

離婚男性は正社員が少ない

次に、離婚願望度と男性の雇用形態の関係を見ると、これには相関はない。

ただし、離婚男性の職業については、「正社員」が少なく、「自由業、自営業」が多いことが明らかである（図2-4）。特に近年は景気が悪化しているから、「自由業、自営業」の環境は厳しく、離婚の可能性が高まったのだと言えるだろう。

また「自由業、自営業」の人ほど自由を求める気持ちが強いから、離婚をしやすいという面もあろう。

さらに、会社の上司や取引先などに紹介された相手との結婚も正社員よりは少ないだろうから、社会的な体面を保つ必要がなく、そのため離婚しやすいという面もあるかもしれない。

また、離婚男性は「フリーター、パート・アルバイト」「契約社員」などの非正社員が多い。「無職」も多めである。離婚する前は正社員だったが、リストラされて非自発的に自由業、自営業、あるいは非正社員などになり、そこで年収が減ったことが原因となって

離婚男性は正社員が少ない

図2-4　離婚願望度別および離婚男性の雇用形態

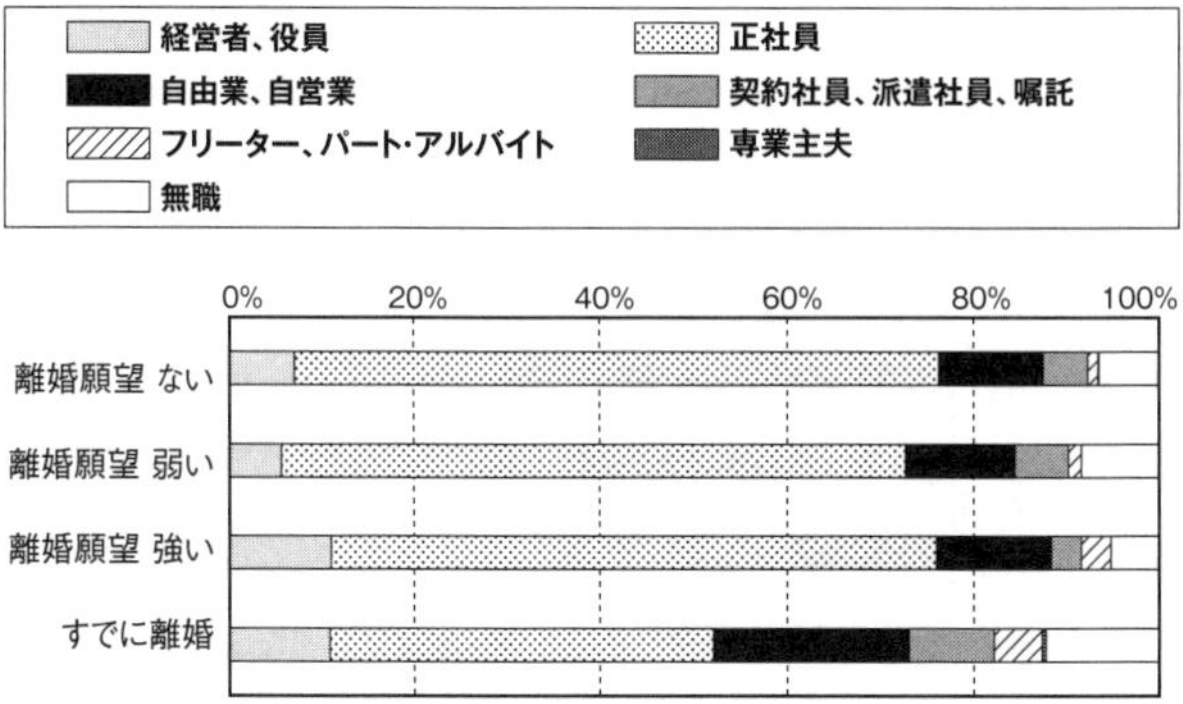

資料:カルチャースタディーズ研究所「中高年男性調査」2010　調査実施:(株)ネットマイル

離婚した可能性も考えられる。安定した職に就くことが離婚の可能性を低下させることは間違いないようである。

現在の日本社会においては非正社員が増えているので、離婚の可能性も高まり、また離婚の可能性が高いという理由で結婚しない人も増えるという予測も成り立つ。

他方、離婚願望と妻の雇用形態にも相関はない。ただし、離婚男性の元妻が「専業主婦」であった割合が低く、「正社員」であった割合が高い（図2－5）。また、数字は小さいが「失業中」や「その他」（ニート的な状態か？）の妻も多めである。妻を専業主婦にできるほど夫に収入がない場合、

離婚男性の元妻は専業主婦が少なめ

図2-5　離婚願望度別および離婚男性の妻（元妻）の雇用形態

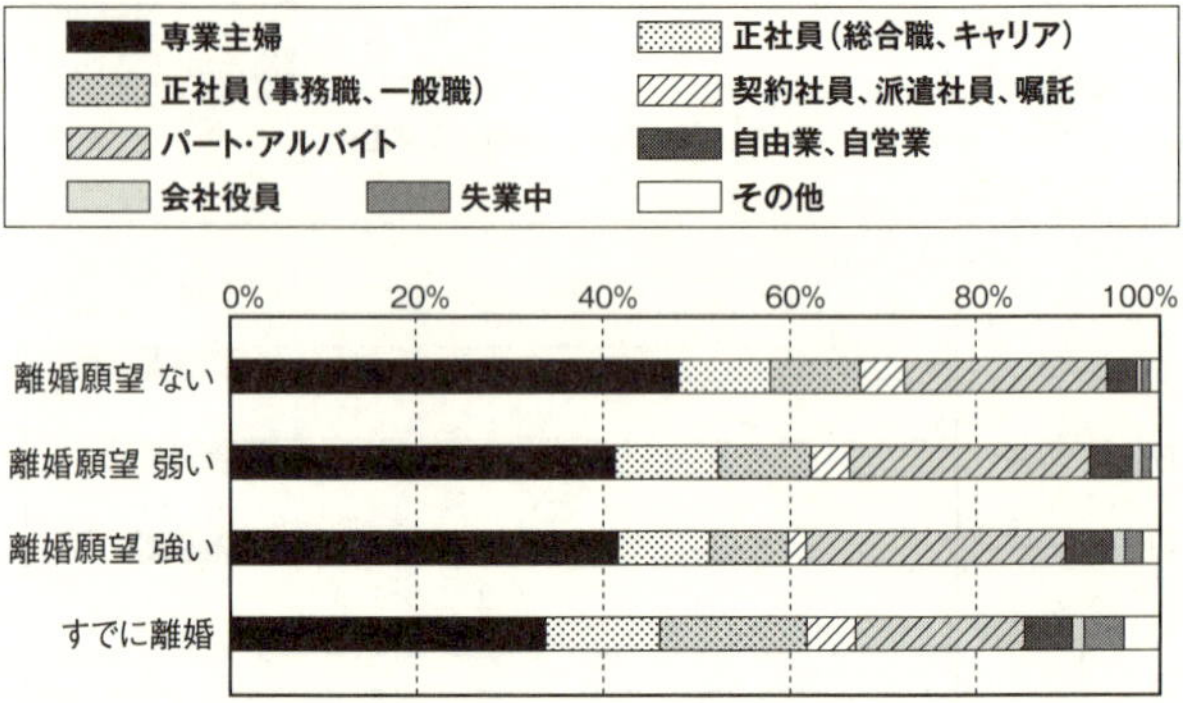

資料:カルチャースタディーズ研究所「中高年男性調査」2010　調査実施:（株）ネットマイル

かつ妻にも仕事がない場合に離婚しやすいということである。

新たな夫婦像が必要

以上見てきたように、離婚男性は、学歴が低く、正社員が少なく、年収が低く、妻は専業主婦が少ない。つまり、戦後日本において増加した、夫が生活費を稼ぎ、妻が専業主婦となって家事と育児を担当するという典型的な標準世帯が少ないという言い方ができる。

言い換えれば、かつての標準世帯を維持することが今の社会では難しくなってきたからこそ、離婚が増えたとも言えるだろう。

かつての標準世帯を、より多くの人々が実現できる時代ではなくなり、昔よりも限られた、ある程度恵まれた人だけが標準世帯を築くことができる時代になったからである。

だが、次の時代の新しい標準世帯というモデルはない。家族の形は多様でいいのだという価値観はたしかに広まっているが、まだ本当に主流派ではないし、正統性を持っていない。夫も妻も働くのがこれからの時代の家族だと言われているが、すべての人がその考えに納得しているわけではない。つまりそれはまだ標準になっていないのだ。

夫の年収が300万円未満でも、妻も200万円ほど稼げば、それなりに豊かな暮らしはできるはずだし、実際にそうしたケースも増えているはずだ。

それでも、私の調査が明らかにしたように、年収300万円未満の夫が離婚しやすく、かつ妻が専業主婦でないほうが離婚しやすいのだとしたら、これは、男性が主として家計を支えるべきだという、かつての標準世帯的な価値観が男女ともにまだ根強いためであろう。

だから、かつての標準世帯をはずれた人々が、それもまたひとつの正しい生き方だと思えず、標準からはずれたことに一種の敗北感がもたらされる状況があるのではないだろうか。そのことが、男性が経済的理由で自殺する遠因になっている面もあるだろう。

もちろん今回の調査は、40～64歳という中高年男性が対象である。彼らは、かつての標準世帯の観念にまだ呪縛《じゅばく》されている。しかし、40歳未満の若い世代はもっと柔軟な考え方をしている可能性も高い。男性は女性が働くことにもっと肯定的になっているし、夫の年収より妻の年収が高くてもかまわないと考える男性も増えている（拙著『下流社会 第2章』光文社新書、２００７年参照）。逆に、夫の年収が妻の年収より低くてもかまわないと考える女性も増えているようである。夫婦とも年収が高くない共働きが次の時代の標準世帯になり、それでも安心して子どもを育てられる社会になるべきであろう。

離婚男性は受動的で無計画

次に、結婚をしようと思った理由を比較してみよう。

離婚願望がない男性は「ちょうどいい人に出会ったと思ったから」が64％と、とても多い（表２－１）。

離婚願望が強い男性は「ある年齢になったら結婚するのが当然だと思っていたから」が

離婚男性は無計画

表2-1　離婚願望度別および離婚男性の結婚をした理由（複数回答可）

(%)

	離婚願望ない	離婚願望弱い	離婚願望強い	すでに離婚
ちょうどいい人に出会ったと思ったから	**64.2**	47.8	26.0	39.1
ある年齢になったら結婚するのが当然だと思っていたから	23.3	25.7	**38.3**	17.4
結婚したほうが精神的に落ち着くと思ったから	16.5	15.1	13.0	19.6
付き合った期間が長くなり、そろそろかなと思ったから	12.7	15.9	7.8	15.2
勢いで	9.6	16.1	3.9	**22.2**
彼女に強く迫られたから	2.8	4.8	7.8	**9.6**
親のすすめで	2.8	4.5	2.6	3.9
子どもが欲しいと思ったから	2.8	3.3	19.5	5.7
子どもができたから	1.9	3.9	5.8	**10.4**
結婚したら妻に自分の面倒を見てもらえると思ったから	2.3	3.8	19.5	3.0
結婚したほうが経済的に楽だと思ったから	3.2	1.4	3.2	2.2
その他	1.9	2.1	1.3	1.7
親戚、上司などまわりの人のすすめで	1.1	1.2	1.9	1.3

資料:カルチャースタディーズ研究所「中高年男性調査」2010　調査実施:(株)ネットマイル

多い。しかし「ちょうどいい人に出会ったと思ったから」は少ない。

他方、離婚男性は「勢いで」が多く、「彼女に強く迫られたから」「子どもができたから」も多めである。つまり、勢いで付き合ったら子どもができたので、どうすんのよと彼女に迫られて結婚という、「できちゃった婚」的な結婚が多いようなのである。このへんの無計画さが離婚をする男性の特徴だと言える。

また、離婚願望が弱い男性も強い男性も「結婚したら妻に自分の面倒を見てもらえると思ったから」という、やや甘えた理由が多いようである。

こう見ると、離婚願望のない男性は、いい人に出会う能力、いい人を見極める能力、出会ったときに即決する能力が高いのだろうと思われる。それは仕事ができる男性の条件とも重なるだろう。ビジネスチャンスに出会う能力、それが本当にチャンスかどうかを見極める能力、チャンスだと思ったら即行動に出る能力がある男性が結婚においても成功するのであろう。

離婚の最大のきっかけは夫の浮気だが、妻の浮気、ＤＶもある

離婚男性の離婚のきっかけは何か。やはり1位は自分の浮気だが、妻の金遣いが荒い、妻の浮気、妻が見栄っ張りなども結構多い。どっちもどっち、という結果である（表2－2）。

また、よく言われる理由として、「自分が仕事ばかりして妻の相手をしないことを妻が不満に思った」というものがあるが、たしかにそれは14％ある。しかも、これは夫が自覚している場合だから、自覚していないが、妻がこのような不満を持っているケースはもっと多いだろう。

それから、離婚願望が強い夫では、「妻が家事をきちんとしないことを自分が不満に思った」という理由が15％と多い。家事はやはり妻がきちんとしてほしいという気持ちが男性にあることは間違いない。

「自分が妻に暴力をふるった」は離婚男性や離婚願望が強い男性の2％いるが、逆に「妻が自分に暴力をふるった」も2・6％いる。妻による暴力のほうがわずかだが多い（もちろん本調査は自己申告だが）。

ドメスティック・ヴァイオレンスというと、マスコミでは夫から妻への暴力ばかりが取り上げられるが、妻も夫に暴力をふるっているらしい。私の知る限りでも、そういう経験をしている男性はいる。

しかし、妻から暴力を受けても、おそらくほとんどの場合、夫は誰にも言わないのではないか。誰かに言っても笑われて終わりだろう。まあ、ケガをしたとしても、女性の力では、さほどのケガにはならないだろう。というわけで、妻による夫へのヴァイオレンスは問題視されないのであろう。

児童虐待には、暴力をふるうことだけでなく、食事を与えない、おむつを替えないなどのネグレクト（怠慢、無視）も含むが、専業主婦なのに夫に食事をつくらない、洗濯をしないという妻がいたとしたら、それは夫への一種の虐待ではなかろうか。もちろん、児童と大人を一緒にはできないが。

子育てが離婚のきっかけになる

また、離婚願望が強い男性では、「子どものしつけ、教育、お受験などについての意見が違った」という子どもの教育関係の理由が26％と多い。離婚願望が弱い男性も17％がそ

離婚を考える理由は妻の側にもある

表2-2　離婚願望度別および離婚男性の離婚を考えたきっかけ

（複数回答可。離婚男性で多い順。上位のみ掲載）(%)

	離婚願望 弱い	離婚願望 強い	すでに離婚
自分が浮気をした	9.4	10.4	**15.7**
妻の金遣いが荒いことを自分が不満に思った	8.9	**17.5**	**14.8**
自分が仕事ばかりして妻の相手をしないことを妻が不満に思った	8.2	5.8	**13.5**
妻が浮気をした	2.1	3.2	**11.3**
妻が見栄っ張りなのに自分がついて行けなかった	5.5	**11.0**	**10.0**
子どものしつけ、教育、お受験などについての意見が違った	16.6	**26.0**	10.0
自分の年収が低い、下がった	5.3	4.5	8.7
妻が家事をきちんとしないことを自分が不満に思った	**13.5**	**14.9**	8.7
居住地、家具、インテリア、ファッションなどの好み、趣味が違った	10.8	**16.2**	7.4
自分の事業が経営悪化した、破綻した	1.5	1.3	6.1
自分が会社を辞めた	2.2	2.6	5.2
世間体を気にした暮らしに自分が飽き飽きした	2.6	8.4	4.3
自分の実家、出身地などについて、妻が悪いことを言った	6.8	**13.6**	4.3
自分の勤める会社が倒産した	0.3	1.3	3.9
自分が家事を手伝わないことを妻が不満に思った	5.5	3.9	3.5
妻が子育てをきちんとしないことを自分が不満に思った	3.3	**7.8**	3.5
妻が自分に暴力をふるった	1.2	2.6	2.6
妻が自分にもっと働けと言ったことを自分が不満に思った	1.4	1.9	2.2
自分が子育てを手伝わないことを妻が不満に思った	5.1	4.5	2.2
自分が妻に暴力をふるった	0.5	1.9	2.2

資料:カルチャースタディーズ研究所「中高年男性調査」2010　調査実施:(株)ネットマイル

の理由を挙げている。子どもが夫婦のかすがいになっている反面、子どもが夫婦の反目の理由にもなっているのである。これは非常に厳しい現実である。

たとえば、妻がお受験にしゃかりきになり、鬼のような形相で子どもに勉強をさせ、「もっと勉強しないと、パパみたいになるわよっ！」などと言った日には、もう目も当てられない。が、まあ、そういうケースもあるだろう。

それなりの家柄の家庭では、中学受験どころか幼稚園受験から血眼になるわけであるから、どうしても志望校に入れたい妻と、いいじゃないか、小学校は公立で、と思う夫といった対立はかなり根深い。学費を出すのは主として夫だから、夫としてはおそらく小学校までは公立で十分だと思いがちであろう。こうして、子どもをめぐる意見の違いが夫婦の危機にまで発展するのである。

事例研究2　再就職した妻が夜遊び（夫42歳、妻43歳）

子どもが生まれて妻はそれまでの派遣社員を辞め、1年間は専業主婦になりました。しかし、彼女の同級生は結構キャリア系で活躍していたらしく、それに影響されてか、いつしか乳飲み子をほったらかして、システム系の資格の勉強を始めたり、「自分探し」が止まらなくなったんです。

そのうち、家の掃除もしなくなり、家の中はグチャグチャに。私は、帰りは遅いし、朝は早いしで、育児もなにも手伝わなかったのがよくなかったのか、妻からの不平も凄くて、「アンタと結婚したから、キャリアを奪われた」とか「誰のおかげで仕事ができると思ってんだ」なんて悪態をついてくるようになりました。

そこで、子どもは家の近くの両親の家に預けて、妻はオーディオ会社の契約社員として働き出すようになりました。私は、子どもはかわいくてしょうがないので、朝、両親の家に送り届ける係と、夕食作りの半分を請け負ったんです。

しかし、妻の態度はさらに悪化。お金を稼いでタガが外れたのか、「今日、子どもの迎えよろしく」なんてメールが入ると、会社の同僚と夜遅くまで飲みに行き、へべれけになるまで酔っ払って帰ってくるようになったんです。

それと、妻は自分と同じ女子校に娘を入れたがって、お受験の情報収集に血道をあげていたんですが、私が「中学からで十分」とはねつけたら、向こうの親まで出てきて「どういうつもりだ」との騒ぎに発展。とてもじゃないが家は落ち着ける場所じゃないんです。家に帰りたくないからダラダラ仕事する癖がついてしまい、私は職場では「帰宅拒否症の○○さん」と言われているらしいです。

実家の問題も

自分たち夫婦だけの問題ならまだいいが、そこに実家の問題が絡むことがある。「自分の実家、出身地などについて、妻が悪いことを言った」も離婚願望の強い男性では14%あり、けっこう高い。結婚は個人間のこととはいえ、双方の親、親戚などとの付き合いもある。そこがうまくいかないと離婚の原因になる。

よく聞く話は、妻が都会っ子で、夫が地方出身の場合、夫の実家をたずねた妻が、生活習慣の古さや方言に拒否反応を示すという例である。

夫婦だけなら家事を平等にしているのに、地方ではまだ家事をするのは女性の役割だと思われているとか、冠婚葬祭などで嫁がひたすら酒をつぐとか、そうしたことを男尊女卑だと感じて、すっかり夫の実家に行かなくなる女性は少なくないだろう。

これが、反対に、夫が都会っ子で、妻が地方育ちだと、夫は日ごろは家事をしているのに、妻の実家に行くと何もしなくていいので楽チンだから、あまり問題は起きないかもしれない。夫婦の出身地別に見た離婚分析も必要かもしれない。

また、先述した子どもの受験の問題でも、夫があまりお受験に積極的でないのに、妻側の親が積極的であり、私立入学への資金を出したりすると、ますます夫の孤立が深まり、夫婦関係がこじれることも少なくないようだ。

センスの違いも理由に

また、妻とのセンスの違いを挙げる夫もいる。離婚願望が強い男性では16％が「居住地、家具、インテリア、ファッションなどの好み、趣味が違った」を挙げている。

特に専業主婦であれば、家にいる時間は夫より妻のほうが圧倒的に長いので、必然的に居住地、住宅、家具、インテリアは妻主導で選択されることが多いし、近年ますます増えている。

夫は、本郷の古い木造家屋で、畳の上で和食を食べたいと思っているが、妻は東急田園都市線の小じゃれた真新しいマンションに住んで、高級な家具を置いて、夫の口には合わない創作料理か何かを食べる暮らしを始めたりすると、夫としては不満がたまり、家に帰るのが面白くなくなるかもしれない。

家に帰るのが面白くない男性ほど、夜も土日も仕事をするので、会社にとっては都合がよいのかもしれないが（笑）。

離婚したがるのはリーダー的男性。離婚するのはひとりが好きなタイプ

離婚願望の強い男性とすでに離婚した男性の性格に特徴はあるだろうか（表2−3）。両者の性格は、ちょっと考えると同じように思えるが、実はかなり異なる。

離婚願望の強い男性は、「新しもの好き」「社交的」「主体的に行動する」「リーダー的」「品がよい」など、ポジティブな性格をたくさん持っている。「ジコチュー」も多い。リー

離婚男性は社交性が弱め

表2-3　離婚願望度別および離婚男性の性格
（複数回答可。離婚男性で多い順）

（%）

	離婚願望ない	離婚願望弱い	離婚願望強い	すでに離婚
ひとりでいるのが好き	27.1	37.5	14.3	**43.9**
まじめ、正直	48.3	43.2	27.9	**40.4**
面倒くさがり	30.7	35.8	18.8	**34.8**
責任感が強い	33.3	29.3	28.6	**32.2**
忍耐力がある	28.9	27.4	13.6	**32.2**
礼儀正しい	28.3	21.2	9.7	**32.2**
こだわりが強い	26.2	25.5	20.8	**30.9**
慎重	33.7	26.0	15.6	**30.4**
仕事好き	22.0	21.4	13.0	**28.7**
面倒見がよい	19.6	14.9	18.8	23.5
リーダー的	14.5	12.8	**37.7**	20.4
明るい	21.8	17.0	25.3	19.6
決断力がある	16.1	13.4	20.1	19.1
主体的に行動する	16.2	15.8	22.1	19.1
頑固、柔軟性がない	13.2	16.8	1.9	18.3
気がきく	17.7	15.6	19.5	17.4
自己主張する	15.6	15.2	12.3	17.4
おおざっぱ	17.3	21.6	13.6	17.4
計画的、きちんとした	26.0	21.7	20.8	17.0
優柔不断	18.2	19.0	17.5	17.0
不器用	12.6	15.6	29.9	16.5
社交的	10.6	7.0	**27.9**	15.2
新しもの好き	16.6	14.7	**34.4**	14.8
のんびり	14.1	16.8	6.5	14.8
飽きっぽい	13.6	16.6	6.5	14.3
ジコチュー、わがまま	9.7	10.8	19.5	13.0
見栄っ張り	10.9	12.5	9.1	11.7
てきぱきしている	11.0	9.8	10.4	10.9
面白い	12.3	8.7	7.8	9.6
がさつ、だらしない	4.1	7.9	8.4	9.6
品がよい	7.6	5.3	**42.9**	9.1
目立たない	11.2	11.1	5.8	8.7
欲張り	6.1	7.5	13.6	7.0
あてはまるものはない	3.2	3.1	3.9	3.0
人のあとについてゆく	5.8	5.5	27.9	2.6
ヒステリック	2.7	3.3	10.4	1.7

資料:カルチャースタディーズ研究所「中高年男性調査」2010　調査実施:（株）ネットマイル

ダー的だからモテるのかもしれないし、新しいものをどんどん取り入れる性格だから、もし妻が一緒に新しいものを楽しめない性格だった場合に、あるいはやけに妻が生活臭くなったりした場合などに、もう妻に関心を持てなくなる、ということが考えられる。それよりもっと若い、何事にも興味津々の女性に惹《ひ》かれてしまう、ということもありうる。もちろん、ジコチューだから離婚したがるという面もあろう。

対して、すでに離婚している男性は、圧倒的に「ひとりでいるのが好き」なタイプである。社交的ではないタイプだ。これは離婚願望が強い男性には少ない傾向である。

また「こだわりが強い」「忍耐力がある」「仕事好き」も多めであり、妻の気持ちを考えず、仕事ずくめになりがちなタイプでもあるとも言えそうだ。ある意味ではオタク的なのだろう。技術一筋といった職人タイプの可能性もある。妻の気持ちをくみ取ったりするのは苦手そうなタイプだ。

夫が離婚したくなるのは、自我の強い妻

他方、妻の性格について見ると、離婚願望の強い男性の妻は、「自己主張する」「ジコチ

ユー、わがまま」「ヒステリック」「頑固、柔軟性がない」など自我が強いタイプである（表2－4）。

また「がさつ、だらしない」「不器用」「こだわりが強い」といった下流型の性格も持っている。あまり融通が利かない、柔軟性のないタイプだと思われる。

逆に、離婚願望のない男性の妻は、「明るい」「まじめ、正直」「忍耐力がある」「面倒見がよい」「礼儀正しい」「気がきく」「計画的、きちんとした」など、私のこれまでの各種調査で明らかになったような上流女性的な性格を強く持っている。

また、すでに離婚した男性の元妻については、「仕事好き」「社交的」がやや多く、「自己主張する」「ヒステリック」も少なくないという傾向であり、やはり家庭にいるよりは外で自分なりの個性を発揮できる仕事をしているほうが向いていそうなタイプである。

しかし、自己主張する女性はどんどん増えているから、その点から見れば、やはり今後離婚は増えるだろうし、そもそも結婚も減るだろうと予想される。

それでもなお結婚をする、離婚をしないためには、男女それぞれが、男女の古い役割にとらわれずに、なおかつ相手に自分の気持ちをきちんと伝えるコミュニケーション力が必

離婚願望の強い夫の妻は自我が強い

表2-4　離婚願望度別および離婚男性の妻（元妻）の性格

（複数回答可。離婚男性で多い順）

(%)

	離婚願望ない	離婚願望弱い	離婚願望強い	すでに離婚
自己主張する	15.6	26.0	**36.4**	26.5
頑固、柔軟性がない	9.7	23.3	**36.4**	26.5
社交的	24.9	21.2	11.7	**26.1**
ヒステリック	6.8	21.4	**33.1**	25.2
明るい	**40.4**	23.3	6.5	22.6
こだわりが強い	14.1	19.3	**27.3**	21.3
ジコチュー、わがまま	5.2	16.4	**29.2**	19.6
礼儀正しい	**26.2**	12.5	5.8	19.6
まじめ、正直	**39.3**	26.2	18.2	19.6
見栄っ張り	5.8	13.4	21.4	18.3
おおざっぱ	21.4	27.9	31.8	17.0
忍耐力がある	**28.6**	19.9	6.5	15.2
てきぱきしている	17.8	16.4	5.8	14.3
仕事好き	11.8	8.7	5.8	**13.5**
不器用	8.1	13.7	**20.1**	13.0
慎重	16.2	11.1	5.2	11.3
面倒見がよい	**28.3**	16.3	6.5	11.3
がさつ、だらしない	4.1	12.3	**26.0**	11.3
気がきく	**24.2**	12.0	0.6	10.9
決断力がある	9.6	7.7	3.2	10.4
責任感が強い	**20.4**	12.2	6.5	10.4
のんびり	17.4	13.2	7.8	10.4
面倒くさがり	10.1	15.6	**21.4**	10.0
計画的、きちんとした	**17.4**	12.3	3.9	8.7
主体的に行動する	10.8	8.9	5.8	8.3
リーダー的	7.4	7.7	7.1	7.8
優柔不断	7.4	11.0	11.0	7.8
欲張り	1.7	4.8	11.7	7.8
飽きっぽい	6.0	9.8	13.6	7.8
あてはまるものはない	4.1	4.3	8.4	7.8
新しもの好き	7.3	8.2	8.4	7.4
人のあとについてゆく	10.6	7.5	4.5	6.5
品がよい	11.4	4.5	1.3	6.1
一人でいるのが好き	6.2	6.7	6.5	4.8
面白い	11.5	5.8	0.6	4.8
目立たない	3.7	3.1	2.6	4.3

資料:カルチャースタディーズ研究所「中高年男性調査」2010　調査実施:（株）ネットマイル

要になるだろう。

離婚願望の強い夫の妻は家事が嫌い

また、離婚願望度別に妻の行動の特徴を見ると、離婚願望が強い男性の妻の行動は全体的に怠惰である。

「部屋が片付けられない」「掃除をあまりしない」「あなたが出かけるときに寝ているままのことがよくある」「料理を手づくりせず、買って来たおかずを並べるだけのことがよくある」「あなたや家族に朝食をつくらないことがよくある」「買って来たおかずをトレーのまま食卓に出すことがある」「あなたや家族に夕食をつくらないことがよくある」といった項目で、離婚願望が強い夫において、すべて際だって高いのである（116ページ、表2－5）。概して家事が苦手でサボっている傾向が強い。

離婚願望の強い男性でも弱い男性でも多い項目は「朝寝坊」である。夫が朝から大事な会議なのに、専業主婦の妻が寝たままだったという話を30代の男性から聞いたことがある。そういう妻は離婚したいと思われやすい。

このように離婚したいと思われやすい妻は概して怠惰である。先述したように、児童虐待においては、親が子どもに暴力をふるうというだけでなく、食事を与えない、おむつを替えないといった育児放棄も虐待だとされる。とすれば、家事をしない主婦というのも、もし彼女が専業主婦だとしたら、夫や子どもに対して一種の虐待をしていることになろう。

ただし、第1章で述べたように、離婚願望が強い夫の妻は、職業的には専業主婦が少なく、自由業、自営業が多く、フルタイムで就業している女性が多い。そのため、どうしても家事がおろそかになるのであろう。

もちろん、夫があまりにも完璧な家事を妻に求めるために、妻がノイローゼになり、家事をしなくなったという可能性も否定できない。

その意味では、夫も家事をすればいいだけのことであるが、そう簡単にはいかないのが現実だ。普通の男性は仕事で忙しいからである。

しかし、もし夫に時間的に家事をする余裕があるのなら、あるいは、妻も夫と同じように忙しい仕事をしているのなら、まして、妻が家事をしている間に自分は外で酒を飲んだり、家でテレビを見たり、ゲームをしたりして遊んでいる時間があるのだったら、もちろん夫も家事をするべきである。そして妻にも酒を飲んで帰ってくるくらいのことは許すべきである。夫婦が同じように仕事で忙しいなら、家事や育児もまた夫婦で同じように分担するべきである。

しかしそういう男女平等の価値観を身につけるには、現在の40代以上の男性は少し早く生まれすぎた。夫婦共働きでも、夫は家事をしたがらないし、夫が酒を飲んで帰宅するのは当然だと思っても、妻が酒を飲んで帰宅するのは不愉快であろう。団塊ジュニア以降の若い世代の男性ならば、もう少し男女平等に行動できるだろうが。

事例研究3　子どもがいなければ、今頃僕が捨てられていた（夫42歳、妻44歳）

僕は、大学を中退し、27歳まで某市役所で働いていましたが、また受験勉強して早稲田にいきました。そこで妻に会いました。妻は、不動産会社に就職したあと、臨床心理士を目指して早稲田にきた。彼女は、見た目は完全にバブルＯＬでした。その

「バブルOL」っぽさに一目でやられちゃったんです。

妻は、臨床心理士の資格取得後、病院2件、会社2件、学校2件と契約して、ずっと、フリーランスという形でカウンセリングの仕事をしています。苦労したのは、子どもが幼稚園のとき。保育園に入れればいいのに、付属の幼稚園に入れちゃった。毎日の幼稚園の後、英語塾とか、バレエとかに連れて行くんです。妻が専業主婦になったほうがいいと思ったことも何度もあります。

週1回は僕が「キャラ弁」を作ってました。徹夜で仕事して始発で家に帰って、キャラ弁作って2~3時間寝てまた会社に行くんです。それでも妻には「アンタは仕事しかしていない」と毎日のように言われ続けてます。

もう一つ、もめたのが自宅。武蔵小杉のタワーマンションを6000万円弱で買ったのですが、妻の親が1000万円頭金を出してくれたんです。でも、妻はフリーだからローンも借りられず、ローンは僕名義。そうすると、マンションって僕の権利になっちゃうんですが、「ウチが1000万出したんじゃ」ってずっと言われるんですよね。

以来、ますますウチは妻が支配してますね。家計も妻が完全に握ってるし。僕の小遣いは6万円で、それ以上はほとんどもらえません。子どもがいなかったら、あれだけ気の強い妻だから、今頃僕は捨てられていたんじゃないかと思います。

離婚した男性の別れた妻は夜型

すでに離婚している男性が、別れた妻について当てはまるとしている項目を見ると、家事関係の不満はもちろん多いが、離婚願望が強い男性と比べると、それほど家事関係の不満が多いわけではない。むしろ顕著なのは、妻が夜型であることだ。

たとえば「あなたが帰宅したときに奥さんが帰宅していないことがよくある」「夜でも遊びに出かけることがよくある」が多い。「夜型で、生活のリズムが狂いがち」も多めである。「夕食をつくらない」も多いが、これも夜帰らないからであろう。「朝食をつくらない」のも夜型だからであろう（表2－5）。

このように、離婚した男性の別れた妻の特徴は「夜型」であることなのである。その結

離婚願望の強い夫の妻は怠惰、離婚した男性の元妻は夜型

表2-5　離婚願望度別および離婚男性の妻（元妻）の行動の特徴

（複数回答可。離婚男性で多い順）(%)

	離婚願望ない	離婚願望弱い	離婚願望強い	すでに離婚
部屋が片付けられない	13.0	26.5	**36.4**	20.9
掃除をあまりしない	11.2	22.6	**35.7**	20.0
あなたが出かけるときに寝ているままのことがよくある	7.3	12.2	**26.0**	19.6
あなたや家族に朝食をつくらないことがよくある	5.1	12.3	**19.5**	**19.1**
朝寝坊である	14.9	**23.5**	**27.9**	18.3
あなたや家族に夕食をつくらないことがよくある	1.7	7.0	**16.9**	**16.1**
あなたが帰宅したときに奥さんが帰宅していないことがよくある	2.9	5.0	7.8	**15.7**
料理を手づくりせず、買って来たおかずを並べるだけのことがよくある	6.1	11.6	**22.7**	15.2
夜型で、生活のリズムが狂いがち	10.1	15.8	**19.5**	15.2
夜でも遊びに出かけることがよくある	1.1	4.6	7.1	**14.8**
近所づきあいが苦手	7.6	14.0	**20.8**	11.7
あなたをいびったり、ののしったりする	2.0	8.7	**14.9**	11.3
家でお菓子を食べることが多い	14.5	16.4	19.5	10.9
もっとあなたの年収を増やせないのかと言う	2.2	7.5	**15.6**	10.9
買って来た弁当やお寿司を家で食べるとき、お皿に盛らないで、そのまま食べることが多い	9.3	10.4	14.9	9.1
友人が少ない	4.7	9.4	**14.3**	8.7
店屋物をとることがよくある	1.1	3.1	4.5	8.7
買って来たおかずをトレーのまま食卓に出すことがある	5.7	8.0	**17.5**	7.4
冷凍食品をチンしただけの食事がよくある	3.0	6.3	**14.3**	7.4
子どもをほうって自分が遊びに行くことがある	0.5	1.5	2.6	7.0
一日中テレビやDVDばかり見ている	3.9	7.7	**13.6**	6.1

	離婚願望ない	離婚願望弱い	離婚願望強い	すでに離婚
洗濯をあまりしない	0.6	2.4	8.4	6.1
テレビゲームが好きだ	3.1	3.9	3.2	6.1
宅配ピザを頼むことが多い	0.4	1.9	1.9	5.7
子どもをいびったり、ののしったりする	1.1	3.3	**9.1**	5.2
子どもの教育やお受験のことになると形相が変わる	2.1	5.1	**11.7**	4.8
家でハンバーガー、フライドチキンなどのファストフードを食べることが多い	1.7	1.9	5.8	4.8
あなたの服を洗濯しない	0.1	1.9	5.8	4.8
子ども、子育てに関心がない	0.5	1.7	2.6	3.9
あなたを殴ったり、蹴ったりする	0.3	0.7	3.2	3.5
子どもを外遊びに連れて行かない	0.9	2.1	1.9	3.0
カップ麺やレトルトカレーが食卓に並ぶことがよくある	1.9	4.3	7.1	2.6
一日中ぼーっとしている	1.1	3.9	3.9	2.6
皿洗いは食器洗い機を使っている	7.9	8.4	**11.7**	2.2
もっとあなたは出世できないのかと言う	1.1	1.9	5.8	2.2
子どもにテレビばかり見せている	0.5	2.2	2.6	2.2
子どもをほったらかしにしている	0.0	2.1	1.3	2.2
子どもを殴ったり、蹴ったりする	0.3	0.7	1.3	2.2
洗う食器を増やさないように考えている	4.1	4.8	6.5	1.3
子どもをいびる	0.5	0.9	3.2	0.9
もっとあなたが有名な会社に転職したらどうかと言う	0.2	1.2	2.6	0.4

資料:カルチャースタディーズ研究所「中高年男性調査」2010　調査実施:(株)ネットマイル

果として家事がサボられる、ということであろう。

某週刊誌の編集部では、30歳前後の編集部員のうち、男性はほとんどみんな結婚しているが、女性は未婚かバツイチがほとんどだという話を聞いたことがある。しかも、男性の結婚相手はマスコミ、出版ではなく、信用金庫の職員など、まったく別の堅い仕事をしている女性が多いというのである。

この話を聞いたとき、ちょっと意外だったが、よく考えると合理的だなと思った。編集者は夜が遅い。しかし時間がきちんとした暮らしをしている妻ならば、確実に夜は家にいる。夜食をつくって待っているかもしれない。

ところが、妻も編集者だったりすると、妻が帰宅していないことが多い。自分が寝たときに妻はおらず、自分が家を出るとき、妻はまだ寝ている、なんてことになる。まったくのすれちがい生活だ。これでは結婚した意味がないと男性が考えても不思議ではない（もちろん女性もそう考えるだろう）。

対して、女性編集者が結婚する相手は、やはり編集者とかカメラマンとかが多くなりがちである。信用金庫の男性職員は女性編集者とは結婚しそうもない。朝早く起き、きちんとした暮らしをしているお堅い職業の男性から見れば、女性編集者などは、酒は飲む、煙草は吸う、夜は遅い、酔っぱらって帰宅する、家事はしない、不倫はする、といった何重もの負のイメージをまとっている（事実そうかどうかは知りません）。

お堅い職業の男性は、そういう女性と一緒に生活していける気がしないだろう。そもそも出会わないだろうし。

家事をする夫ほど離婚する

家事をしない男性ほど妻から離婚を言い渡される、特に定年後の熟年離婚はそうだとよく言われるが、本当だろうか。

日ごろの家事分担の割合を聞くと、離婚願望が強い男性ほど、また離婚した男性ほど家事をしている（いた）という結果である（表2－6）。

離婚願望のない夫は、家事の半分以上をしている割合は16％だが、離婚願望が強い夫は25％、実際に離婚した男性は31％である。

これはちょっと意外である。あくまで男性側の自己申告だから、家事の分担割合につい

家事をする夫ほど離婚する?

表2-6 離婚願望度別および離婚男性が家事の半分以上をしている(いた)割合

(%)

離婚願望ない	離婚願望弱い	離婚願望強い	すでに離婚
15.9	19.6	25.2	30.9

資料:カルチャースタディーズ研究所「中高年男性調査」2010　調査実施:(株)ネットマイル

ては、夫に多めの回答になっている可能性は高い。

しかし、離婚願望がない男性よりも、離婚願望が強い男性のほうが家事をしている。さらに離婚した男性はもっと家事をしていた。だから、先述した、家事をしない男性が離婚を言い渡されるという言説は疑わしいと言わざるをえない。

もちろん、家事を嫌々させられたから離婚したくなった可能性も大いにある。離婚男性は年収が低く、妻が外で働いている人が多かったから、妻が留守中に家事をたくさんしたのだろう。アンケート結果を見ても、食器洗い、洗濯、部屋の掃除、風呂の掃除、トイレ掃除などなど、多くの家事を経験している(表2-7)。それが不満となった可能性はある。

多くの働く女性は、仕事と家事を両立させるべく家でも会社でも休みなく働いているが、夫はあまり協力しない、というのが通説である。たしかにそういう妻を持った夫は離婚したがら

離婚男性はいろいろな家事をしていた

表2-7　離婚願望度別および離婚男性が具体的にしていた家事

(%)

	離婚願望ない	離婚願望弱い	離婚願望強い	すでに離婚
ゴミだし	52.3	47.1	13.0	59.5
風呂の掃除	42.5	42.9	13.0	**57.1**
食器洗い	23.6	29.9	1.9	33.3
洗濯をする	12.6	16.6	**26.0**	**31.0**
洗濯物を干す	15.6	22.6	**38.3**	**31.0**
部屋の掃除	20.7	24.4	20.8	**30.5**
トイレの掃除	14.2	15.4	15.6	**27.6**
子どもの世話	9.6	11.6	14.9	**20.5**
夕食をつくる	9.8	10.8	**26.6**	19.5
洗面台の掃除	12.9	16.4	20.1	19.5
台所の掃除	7.6	9.8	**16.9**	**19.0**
ペットの世話・散歩	13.9	15.8	16.2	15.7
朝食をつくる	7.3	9.6	13.6	14.3
自分の大事な衣類を洗う	3.2	6.8	**36.4**	11.0
アイロンがけ	6.1	7.8	10.4	11.0
弁当を作る	1.4	2.4	9.7	3.8

資料:カルチャースタディーズ研究所「中高年男性調査」2010　調査実施:(株)ネットマイル

ないだろう。逆に妻のほうから離婚を申し出る可能性が増えるかもしれない。

しかし、妻が夫に家事を強く要求すれば、夫の離婚願望は強まるだろう、というのが、今回の調査結果から読み取れることである。

また、家事ができる男性のほうが離婚に当たってのハードルが低いだろう。実際、離婚願望が強い夫がよくする家事は夕食づくりと大事な衣類の洗濯である。大事な衣類の洗濯を妻に任せず自分でするというのは、妻から見れば楽とも言えるが、普通の男性なら大事な衣類の洗濯ほど妻に任せるはずであるから、それを自分でやるということは男性の家事能力が高いのである。だから離婚をしても困らないということであろう。

イクメン、弁当男子など、家事をする男性の増加を進める傾向が近年顕著だ。それはそれでよいことである。しかし、家事好き男子が増えると離婚が増えるかもしれない。あるいはそもそも結婚しないかもしれない。

家事をする夫をおだてよう

男性に家事をさせつつ、結婚生活を維持したかったら、女性が男性をおだて続けることが必須である。杉浦里多の『イケダン育成術――賢妻に学ぶ結婚生活を幸せにする技術』（文藝春秋、２０１１年）にもそう書いてある。

「イケダン」とは「イケてるダンナ」。女性誌『ＶＥＲＹ』の造語である。かっこいいだけでなく、家事にも育児にも積極的に参加する男性（夫）のことらしい。逆に、家事も育児もしない男性を「イケダン」に育成するにはどうするか。杉浦によれば「無理やりではなく、夫〝みずから〟そうしたくなるようにする『技術』」が必要。それが「褒《ほ》めて、おだてて、感謝」だという。

たとえば、掃除を頼んだら、「私がするよりあなたがした方がきれいに、上手にできるわ」と褒める。

「お皿を運んでくれたとき、大げさに『ありがとう、助かった』」と言う。

「料理を作ってくれたとき、美味しかったので『美味しいからまた作ってほしい』」と言う。

まあ、こんな例である。本当は、夫が妻に対して日ごろから言ってあげるべきこと、そう言ってもらえば妻ももっと楽しく家事ができるようなことを、逆に夫に言えば、夫は家事も育児も手伝うということである。定年後、毎日家にいる夫に家事を手伝わせようと思っている女性も、この手を使ったほうがいい。

女性から見れば、私が毎日やっていたときは、褒めてもおだててもくれなかったのに、なぜ夫に家事をさせるのに、そこまでおだてないといけないか、と思う気持ちもあるだろう。

だが、まあ、これは男性の意識が変わる過渡期のことだと思って、大げさすぎるほど褒めて、おだてて、夫がみずから進んで、楽しく家事をするように「育成」したほうがトクであろう。おそらく、家事をたくさんしているのに離婚願望が強い男性、すでに離婚してしまった男性は、そういう褒めやおだてがほしかったのだろう。

また、先述したように、離婚願望の強い夫の妻は、妻自身が家事が嫌いであることが多い。だから、おそらく妻自身も夫から、褒めたりおだてたりしてほしい（ほしかった）のに違いない。夫から見れば、妻がつまらなそうにしている家事を、自分がするのはなおさらつまらないだろうから。

そう考えると、もし離婚を回避するとしたら、やはり夫婦間のコミュニケーションが重要だということになるのだろう。あくまで、夫婦の基本は他人であると考えて、他人だからこそ、平成世代の新入社員を育てるようなスタンスで、褒めとおだてで接するべきなのだろう。

5人にひとりの男性が主夫願望あり

約2割の男性に主夫願望

図2-6　既婚男性の年齢別主夫願望

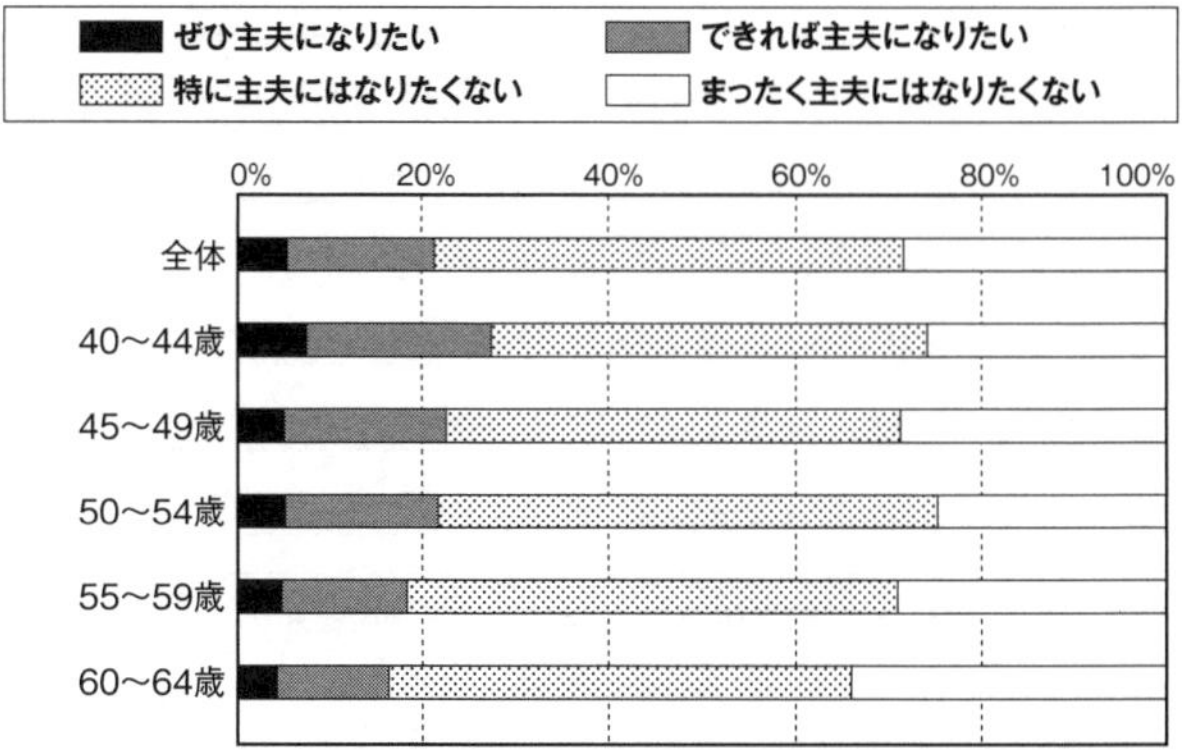

資料:カルチャースタディーズ研究所「中高年男性調査」2010　調査実施:(株)ネットマイル

主夫になってもいいと考えている男性がどれくらいいるかも聞いてみた。

「もしあなたの奥さんの収入が十分多ければ、主夫になってもいいと思いますか。離婚している方は、結婚し、奥さんがいる場合を想定してお答え下さい」とたずねたところ、「ぜひ主夫になりたい」が5%、「できれば主夫になりたい」が16%だった。合計で5人にひとりの男性が主夫願望を持っている(図2-6)。

年齢別ではやはり若い世代ほど主夫願望が強く、「ぜひ」「できれば」の合計で見ると、60〜64歳では16%なのに対して、40〜44歳では28%に主夫願望がある。

離婚願望と主夫願望は相関する

図2-7　離婚願望度別および離婚男性の主夫願望

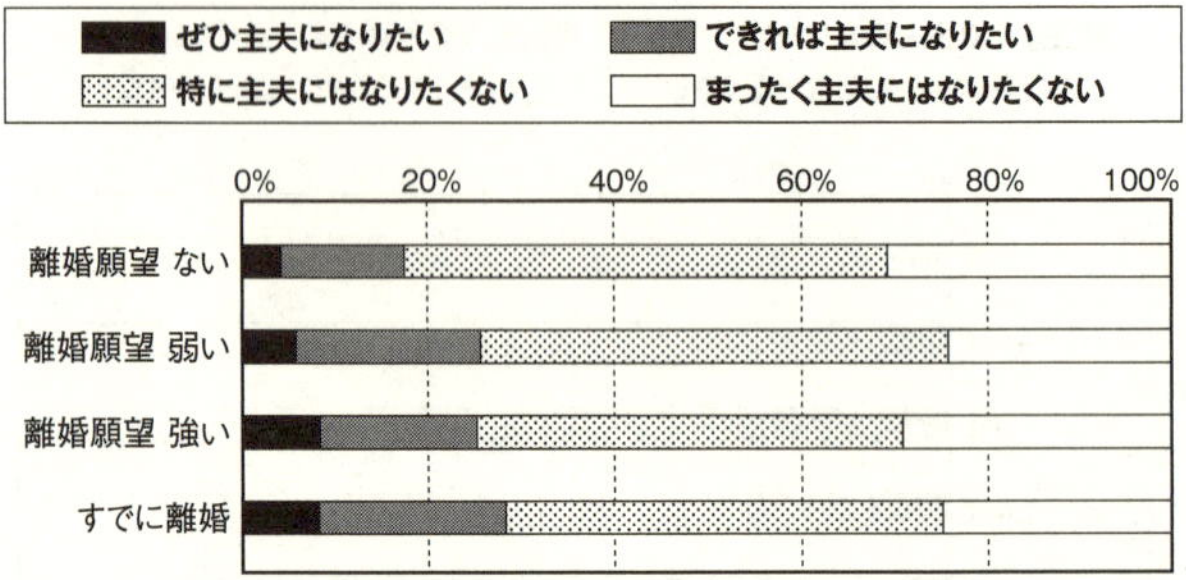

資料:カルチャースタディーズ研究所「中高年男性調査」2010　調査実施:(株)ネットマイル

これが多いのか少ないのか、はっきり言えないが、私はけっこう多いのではないかと思う。少なくとも20年前ならこんなに高い数字は出なかっただろう。

離婚願望は男性原理からの離脱願望か？

主夫願望を離婚願望度別に分析すると、離婚願望度が強い男性ほど、あるいはすでに離婚した男性において主夫願望が強い（図2－7）。離婚願望がない男性は、「ぜひ主夫になりたい」「できれば主夫になりたい」の合計が18％なのに、離婚願望が強い男性は25％、離婚した男性は28％が主夫願望を持っているのである。これは、離婚願望が強い男性、すでに離婚した男性は、妻に家事をすることを求めているというよりも、むしろ自分が中心となって家計を支えることから自由になりたいと思っているのではないかと考えられる。

言い換えれば、離婚願望を持つこと、あるいは離婚をすることが、男性原理社会からの離脱、逃避でもあるということではないだろうか。もっと言えば、女性になってもよいとか、女性になったほうが楽に生きられるという気持ちがあるのではないかと推察される。

つまり、男性は、もっと男性的に生きたいから離婚したいのではないし、離婚するのでもない。

むしろ反対に、男性原理社会、すなわち、仕事ばかりの人生とか、収入や社会的地位が男性を測る基準になっている社会に対する違和感があり、そこから抜け出したいからこそ、離婚をしたいと思い、離婚をするのであり、また主夫になりたいと思うのではないかと解釈できるのではないだろうか。

逆に言えば、男性社会の中で成功している男性、すなわち、学歴が高く、収入も高く、社会的地位も高く、専業主婦の妻（かつ専業主婦であることに満足している妻）を持っている男性は、主夫になりたいとはまず思わないということである。

同じように、男性社会の中で成功した女性も専業主婦になりたいとは思わない。これは男性社会で成功した女性が、つまるところ社会的には男性になってしまっているからである。

そういう意味で現代の社会は、一見女性の地位が向上しているようでありながら、実は男性原理がますます貫徹されている社会である。男性も女性も、学歴が高く、収入も高く、社会的地位も高いことが評価される社会だからである。

しかし、根強い男性規範

そういう意味で、主夫になりたい男性は、男性原理一辺倒ではなく、女性原理でも生きたいと思っているのだとも考えられる。だが、主夫になりたい男性たちですら、まったく男性原理を捨てきれるわけではない。

「あなたは、今のあなたの奥さんに（離婚している方は、もし今結婚するとしたら）、今後5年くらいの間に平均してどれくらいの年収があることを希望しますか」という質問では、「収入はなくてよい」という回答が36％もあり、60～64歳では44％にもなる（図2－

40代では妻に求める年収が増える

図2-8　既婚男性が今後妻に求める年収

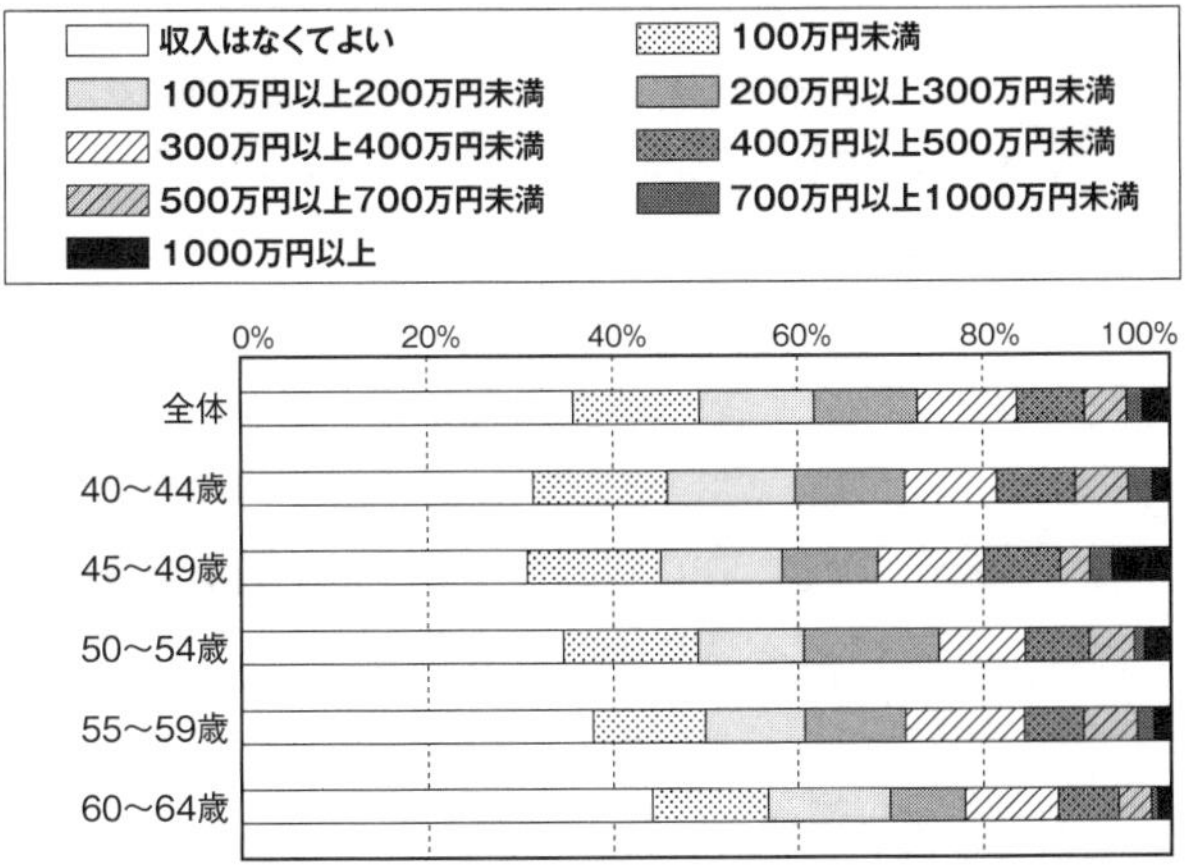

資料:カルチャースタディーズ研究所「中高年男性調査」2010　調査実施:（株）ネットマイル

8）。男性は女性を養ってナンボであるという価値観がまだ主流なのである。

ただし40代では「収入はなくてよい」「100万円未満」を合計しても50％に届かないので、扶養控除の範囲を超えてでも妻に稼いでほしいという考え方のほうが多いと言える。

これを離婚願望度別に見ると、離婚願望がない男性は妻の「収入はなくてよい」という回答が多い（図2-9）。

他方、離婚願望が強い男性と、すでに離婚した男性では、妻に200

離婚男性は妻に求める年収が多め

図2-9　離婚願望度別および離婚男性が今後妻に求める年収

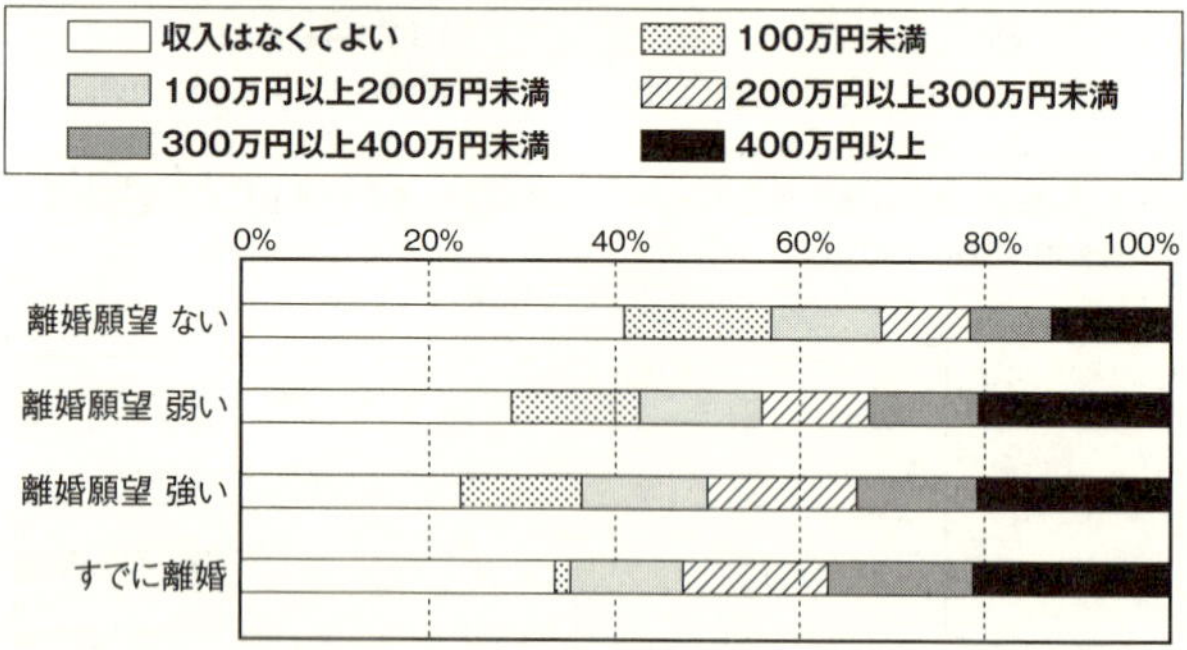

資料:カルチャースタディーズ研究所「中高年男性調査」2010　調査実施:(株)ネットマイル

万円以上の年収を希望する人が多く、約5割いる。

古くさい二元論をやめよう

このことは、離婚願望が強い、あるいは離婚した男性自身の収入が低いことに直接的な原因があるのはもちろんだろう。だが、見方を変えれば、離婚願望が強い、あるいは離婚した男性のほうが男女についてリベラルな意識を持っているとも言えるのだ。ところがリベラルであるほど、離婚の可能性が高まるという逆説があると言えるのである。

それはなぜかと言えば、この世代は女性の側も保守的な男女観を持っている人が多いからである。一般的には、女性のほうがリベラルで、男性のほうが保守的であり、それが夫婦間の意識のずれの原因だと言われるし、私もそのケースのほうが多いと思う。

だが現実には、そういう見方は一面的であり、古くさい。それは、いわば冷戦構造時代の二元論的な物の見方であり、保守が悪くて革新がよいとか、資本主義が悪くて社会主義がよいとか、進歩的なものがよくて古いものは悪いといった、単純な議論に似ている。

今では、夫のほうがリベラルで、女性も外で働くべきだと思っていても、妻のほうが保守的で、外で働く気がないというケースも少なくない。あるいは、夫のほうが家庭的なのに、妻のほうが仕事一辺倒で、家に帰ってこないなんてことすらある。今回の調査対象より若い世代ではそういうケースが増えるかも知れない。そこに夫婦間の意識の新たなずれが生まれることもあるはずだ。だからこそ、旧来の二元論ではない物の見方をするべきである。

これは噂レベルの話なので恐縮だが、あるベンチャー企業の女性社長がホームパーティを開いたとき、ビジネスパートナーでもある夫が台所で皿を洗い始めたので、妻である社長は、あなたは私たちの時給が一体いくらかわかっているのか、皿なんて洗っていたら金の無駄だと怒ったのだそうだ。実際、すべてをお金で計る資本主義の権化みたいな女性もいるのである。

もちろんこうした金に厳しい女性は昔からいたが、昔はこういう女性はもっと嫌われたはずである。しかし資本主義原理が貫徹しつつある現代社会においては、こうした女性こそがスター扱いされる。

逆に、家庭や愛情の世界に生きたいと思う男性も増えている。しかし、資本主義の権化のような女性をスター扱いする割には、家庭的な男性をスターだと考える風潮はまだまだ弱い。イクメンだ何だと言われても、家庭的な男性はやはり一種の負け組のように企業の中では見なされがちである。

だからこそ、逆説的だが、離婚願望が強い男性や離婚した男性のほうが、新しい柔軟な価値観を持っているように私には思えるのである。その価値観は、人間を、仕事、業績、所得、地位などによって測る男性原理社会から解放しようとしているのである。

年収400万円以上の女性を男性が争奪する

40代は妻に高収入を求めている

図2-10　今、35歳の独身男性だったとして、結婚するとしたら、年収がいくらの女性と結婚したいか（既婚男性、年齢別）

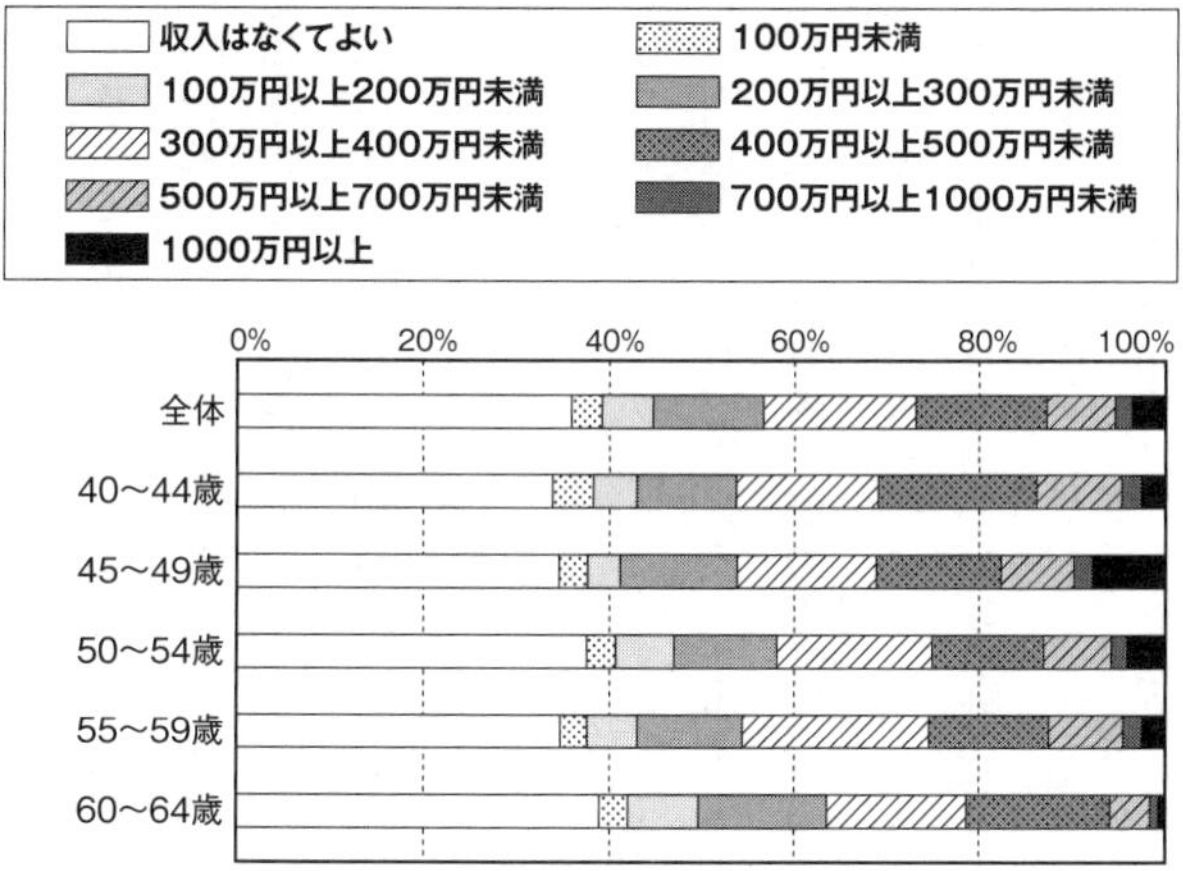

資料:カルチャースタディーズ研究所「中高年男性調査」2010　調査実施:（株）ネットマイル

実際、40代の男性には、自分だけの収入で家族を養うことは無理だという考え方が増えている。

「もしもあなたが、2010年の今現在に35歳の独身男性だったとして、結婚するとしたら、年収がいくらの女性と結婚したいですか」という仮定の質問をしてみたところ、「収入はなくてよい」が36%とまだかなり多いものの、「100万円未満」は3%程度しかなく、「200万円以上500万円未満」がどの年齢でも4割を超え、300万円以上500万円未満に限っても3割前後いる（図2－10）。

これからの時代に結婚をするなら、妻が働くのも当然であり、どうせならできるだけたくさん稼いでほしいと男性は思っているのであり、そうでないと、とても自分の給料だけでは豊かな暮らしはできないよ、という考え方に変わってきているのである。

特に40～44歳では、400万円以上700万円未満が26％おり、他の年齢層よりも多い。また、45～49歳では「1000万円以上」という回答も8％あった。若い世代ほど妻に高収入を求めているのである。

また男性の年収別に見てみると、年収が200万円以上300万円未満の男性は、妻にも「200万円以上300万円未満」を求める人が最も多く、23％。

300万円以上500万円未満の男性は、妻に「300万円以上400万円未満」を求める人が多く、23％前後。

500万円以上1500万円未満の男性だと、妻に「400万円以上500万円未満」を求める人が多くなる（図2－11）。

このように現代の中高年男性は、もし今、若くて結婚するなら、自分と同じくらいの年

自分の年収に応じて妻にも高い年収を求めている

図2-11　今、35歳の独身男性だったとして、結婚するとしたら、年収がいくらの女性と結婚したいか（既婚男性、年収別）

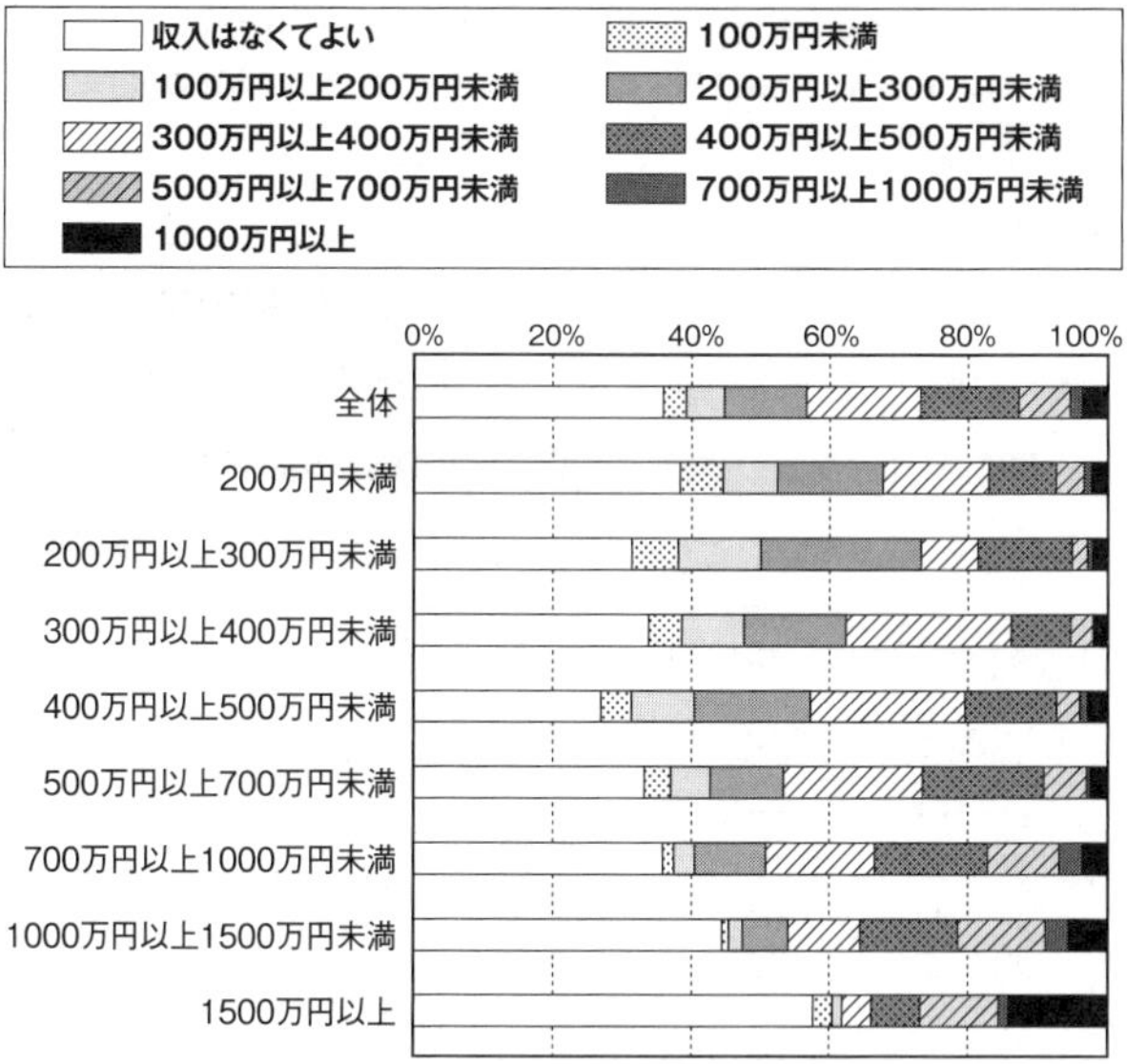

資料:カルチャースタディーズ研究所「中高年男性調査」2010　調査実施:（株）ネットマイル

自分が主夫になるには妻に高収入が必要

図2-12　離婚願望度別および離婚男性
妻の年収がいくらくらいあれば、主夫になりたいか

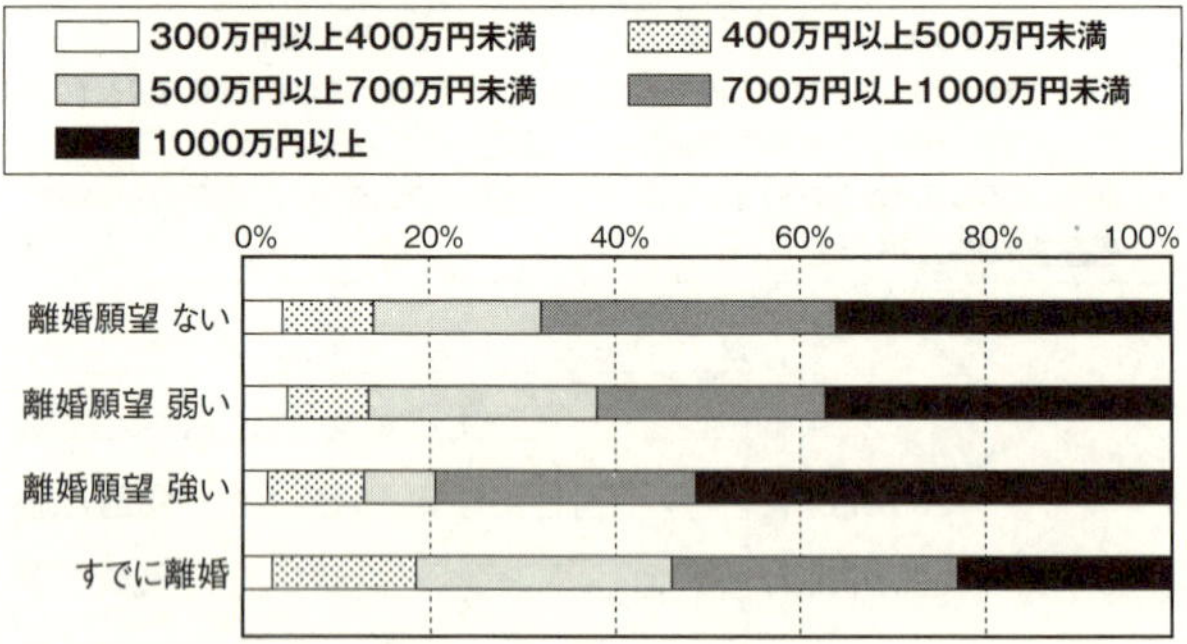

資料:カルチャースタディーズ研究所「中高年男性調査」2010　調査実施:(株)ネットマイル

収のある女性を求めているのである。

しかし現実には、男性の年収も低下しているのに、女性の年収だけが上がるわけもない。昔よりは400万円以上を稼ぐ女性が増えたであろうが、絶対数はまだ少ない。だから、年収400万円以上の女性を結婚相手として男性が争奪するということが、今後は起きてくるのかもしれない。

主夫になるのは妻が高収入なときのみ

このように、男性の中にも妻にできるだけ高い年収を求める傾向が出てきている。それでは具体的にどれくらいの年収が欲しいのか。この点を見ると、再び男性の保守性が露わになる。

「妻の年収がいくらくらいあれば、主夫になりたいか」という質問への回答を離婚願望度別に見てみると、すでに離婚した男性では400万円以上700万円未満が多く、43％。離婚願望が強い男性は700万円以上が約8割ある（図2－12）。

男性でもなかなか稼げない高い年収を妻が稼がないと、自分は主夫になんかならないよ、ということである。つまり、実際は、まずそんなことはありえないから、自分が主夫になることなんてないさ、と思っている、あるいはあきらめているようである。

こうして見てくると、中高年男性には一定の主夫願望はあるが、それは若い女性が結婚相手の男性に対して夢想するのと同様に、高収入が保証されているときだけであり、現実には主夫になることはまずありえないと思っているようである。

たしかに私も、新宿の伊勢丹百貨店の食品売り場に行くと、もし女性に生まれて、お金持ちと結婚して専業主婦になって毎日伊勢丹で買い物ができたら、さぞかし幸せだろうなあと思う（笑）。毎日ジャスコでは嫌である。

【コラム】もし今結婚するとしたら、何歳の女性としたいか?

男性は何歳になっても、結婚するなら若い女性と結婚したいと思うものだが、その点をたずねてみた。

結果は、40〜44歳の男性は30歳の女性、45〜49歳の男性は30〜35歳の女性、50〜54歳の男性は35〜40歳の女性、55〜59歳の男性は40歳の女性、60〜64歳の男性は50歳の女性が最も多くなった。

私の予想ではもっと若い女性を希望し、男性の年齢にかかわらず27歳くらいの女性に集中するのかと思ったが、意外に堅実だった。

そういう意味では、男性は女性に対して決して肉体的なものだけを求めているのではなく、話し相手を求めているのではないかと思われる。口の悪いフェミニストが、しばしば中高年男性をオヤジと呼んで、女性を肉体としてしか見ない好色なだけの存在のように蔑《さげす》むのは間違いである。そういうフェミニストのほうが、男性を肉体としてしか見ていないのではないか。彼女たちには、自分の人生のどこかにトラウマがあるのであろう。たしかにトラウマをつくった男性には重い責任がある。しかし、すべての男性が、トラウマの原因となった男性と同じではないのである。

また、昔だと30代以上の女性はほとんど子育てをしていたので、結婚の対象として考えにくかったが、今は晩婚化が進んで、30代、40代の未婚女性が増えたので、結婚相手としてイメージしやす

もし今結婚するとしたら、何歳の女性としたいか

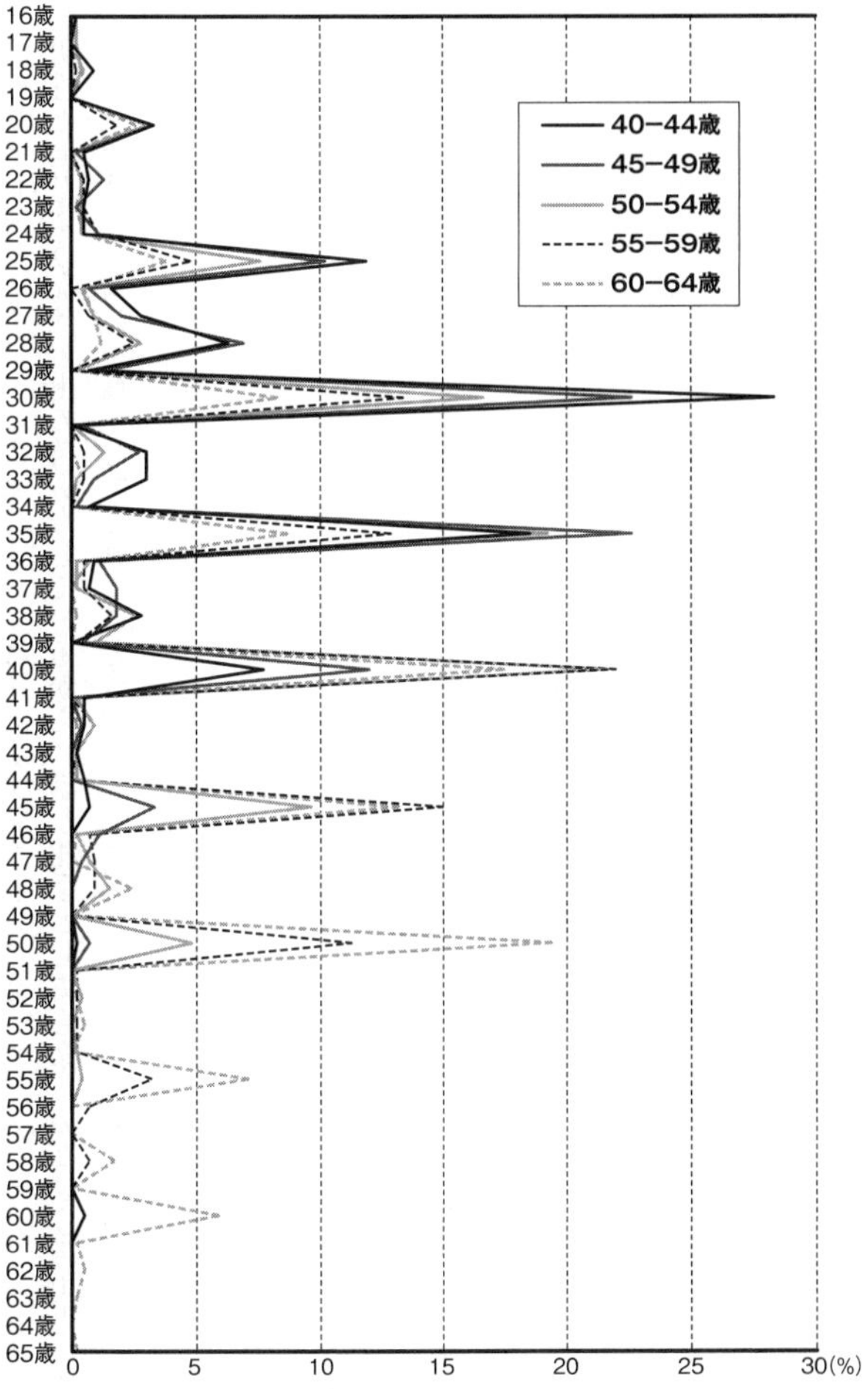

資料:カルチャースタディーズ研究所「中高年男性調査」2010　調査実施:(株)ネットマイル

くなったという面もあるだろう。30代を過ぎるまで社会で働き続けてきた女性のほうが、話題が豊富で、男性と同じような仕事上の苦労もしているから、話し相手としても楽しいという理由もあるに違いない。そういう女性を増やしてくれたことは、フェミニズムのひとつの成果である。

まとめ

離婚する男性はこんな人

- 年収が３００万円未満
- 学歴が高卒以下
- 職業が自由業、自営業
- 勢いで結婚した
- ひとりでいるのが好き
- 家事をよくする
- 妻が正社員
- 妻が夜遅くまで帰らない、夜遊びしがち

第3章　夫婦の地域格差

居住ブロック

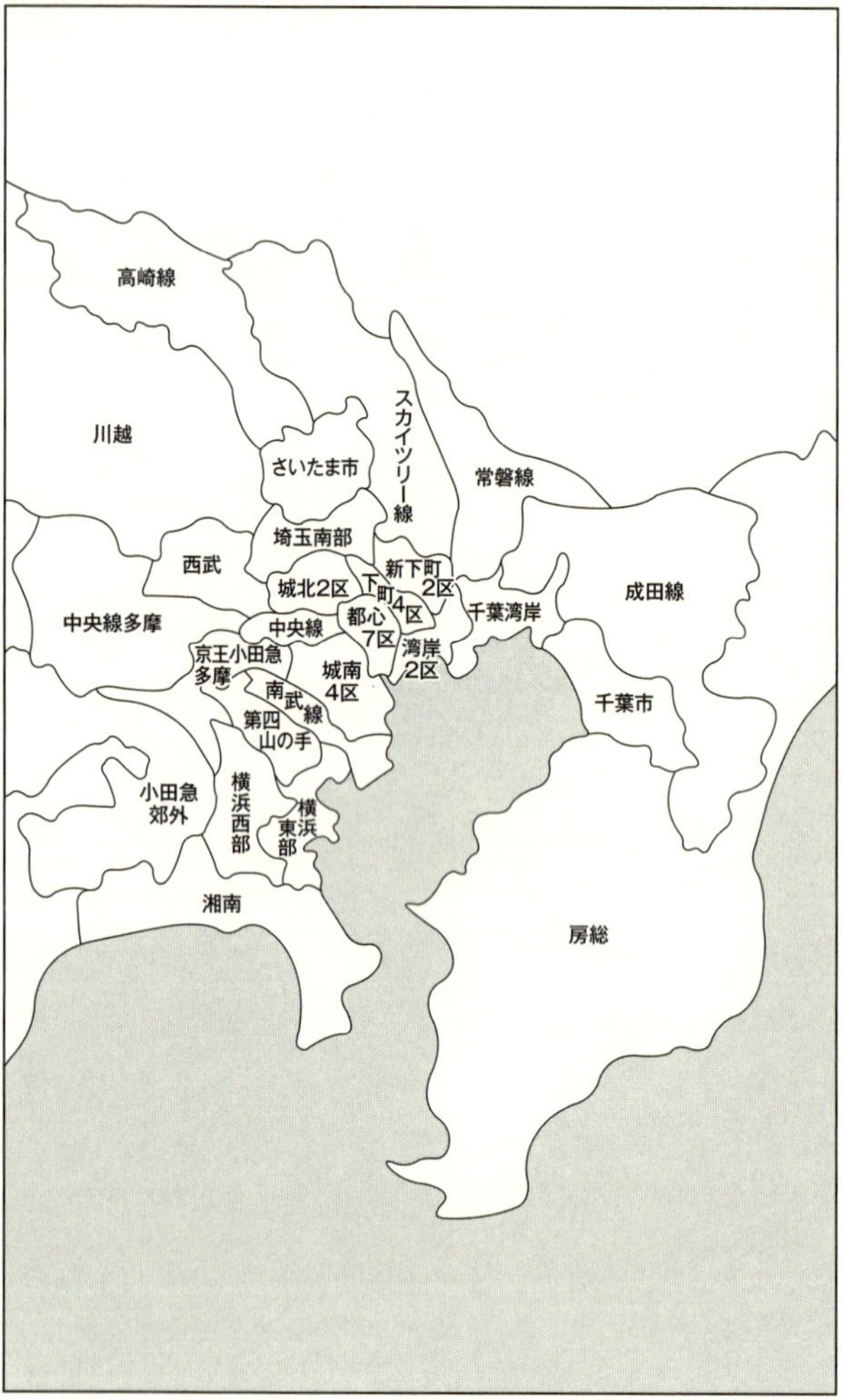
高崎線
川越
さいたま市
スカイツリー線
常磐線
埼玉南部
西武
新下町2区
城北2区
下町4区
千葉湾岸
成田線
中央線多摩
中央線
都心7区
京王小田急多摩
湾岸2区
城南4区
南武線
千葉市
第四山の手
小田急郊外
横浜西部
横浜東部
湘南
房総

都心7区	千代田区、中央区、港区、新宿区、文京区、渋谷区、豊島区
下町4区	台東区、墨田区、北区、荒川区
湾岸2区	江東区、江戸川区
城南4区	品川区、目黒区、大田区、世田谷区
中央線	中野区、杉並区、武蔵野市、三鷹市
城北2区	板橋区、練馬区
新下町2区	足立区、葛飾区
中央線多摩	八王子市、立川市、青梅市、昭島市、小金井市、日野市、国分寺市、国立市、福生市、羽村市、あきる野市、西多摩郡瑞穂町
京王小田急多摩	府中市、調布市、町田市、狛江市、多摩市、稲城市
西武	小平市、東村山市、東大和市、清瀬市、東久留米市、武蔵村山市、西東京市、所沢市
横浜東部	横浜市鶴見区、神奈川区、西区、中区、南区、保土ヶ谷区、磯子区、金沢区
横浜西部	横浜市戸塚区、港南区、旭区、緑区、瀬谷区、栄区、泉区
第四山の手	横浜市港北区、青葉区、都筑区、川崎市宮前区、麻生区
南武線	川崎市川崎区、幸区、中原区、高津区、多摩区
小田急郊外	相模原市緑区、中央区、南区、秦野市、厚木市、大和市、伊勢原市、海老名市、座間市、綾瀬市
湘南	横須賀市、平塚市、鎌倉市、藤沢市、茅ヶ崎市、逗子市、三浦市、三浦郡葉山町、中郡大磯町、二宮町
さいたま市	さいたま市西区、北区、大宮区、見沼区、中央区、桜区、浦和区、南区、緑区、岩槻区
川越	川越市、秩父市、飯能市、東松山市、狭山市、入間市、富士見市、坂戸市、鶴ヶ島市、日高市、ふじみ野市、入間郡三芳町、越生町、比企郡嵐山町、小川町、川島町、鳩山町、児玉郡美里町、上里町、大里郡寄居町
高崎線	熊谷市、行田市、本庄市、鴻巣市、深谷市、上尾市、桶川市、北足立郡伊奈町
埼玉南部	川口市、蕨市、戸田市、鳩ヶ谷市、朝霞市、志木市、和光市、新座市
スカイツリー線	春日部市、加須市、草加市、越谷市、久喜市、北本市、八潮市、三郷市、蓮田市、幸手市、吉川市、南埼玉郡宮代町、白岡町、北葛飾郡杉戸町、松伏町
千葉市	千葉市中央区、花見川区、稲毛区、若葉区、緑区、美浜区
千葉湾岸	市川市、船橋市、習志野市、浦安市
常磐線	松戸市、野田市、柏市、流山市、我孫子市
成田線	成田市、茂原市、佐倉市、東金市、八千代市、鎌ヶ谷市、四街道市、八街市、印西市、白井市、富里市、印旛郡酒々井町、栄町
房総	銚子市、館山市、木更津市、市原市、鴨川市、君津市、富津市、袖ヶ浦市、南房総市、香取市、いすみ市、香取郡多古町、山武郡大網白里町、九十九里町、芝山町、安房郡鋸南町

高層マンションに住む夫婦の危機？

今回の調査では、既婚男性の回答を1都3県26ブロックの居住地に分けて集計してみた。そこからは興味深い地域特性が見えてくるし、それぞれの地域に住む男性たちの心理も透けて見えてくる（26ブロックに含まれる地域については144〜145ページ参照）。

まず、誰にも知られない隠れ家を持ちたいと思うことがあるかについては、持ちたいと思うことが「よくある」「近々持ちたい」「すでに持っている」の合計が多い順で見ると、川越、湾岸2区、都心7区、南武線などが20％前後となっている（図3－1）。

「よくある」に限ると、湾岸2区が18％でいちばん多い。「すでに持っている」が多いのは京王小田急多摩、中央線、都心7区といった東京都内西側在住の男性である。

また、湾岸2区、都心7区、南武線はタワーマンションなどの高層マンションの多い地域であり、高層マンションに住んでいる男性がそうした隠れ家願望を持ちやすいのではないかという仮説も成り立ちうる。

川越になぜ隠れ家を持ちたい人が多いのかは、よくわからない。

図3-1　居住ブロック別 隠れ家を持ちたいと思うことがある割合

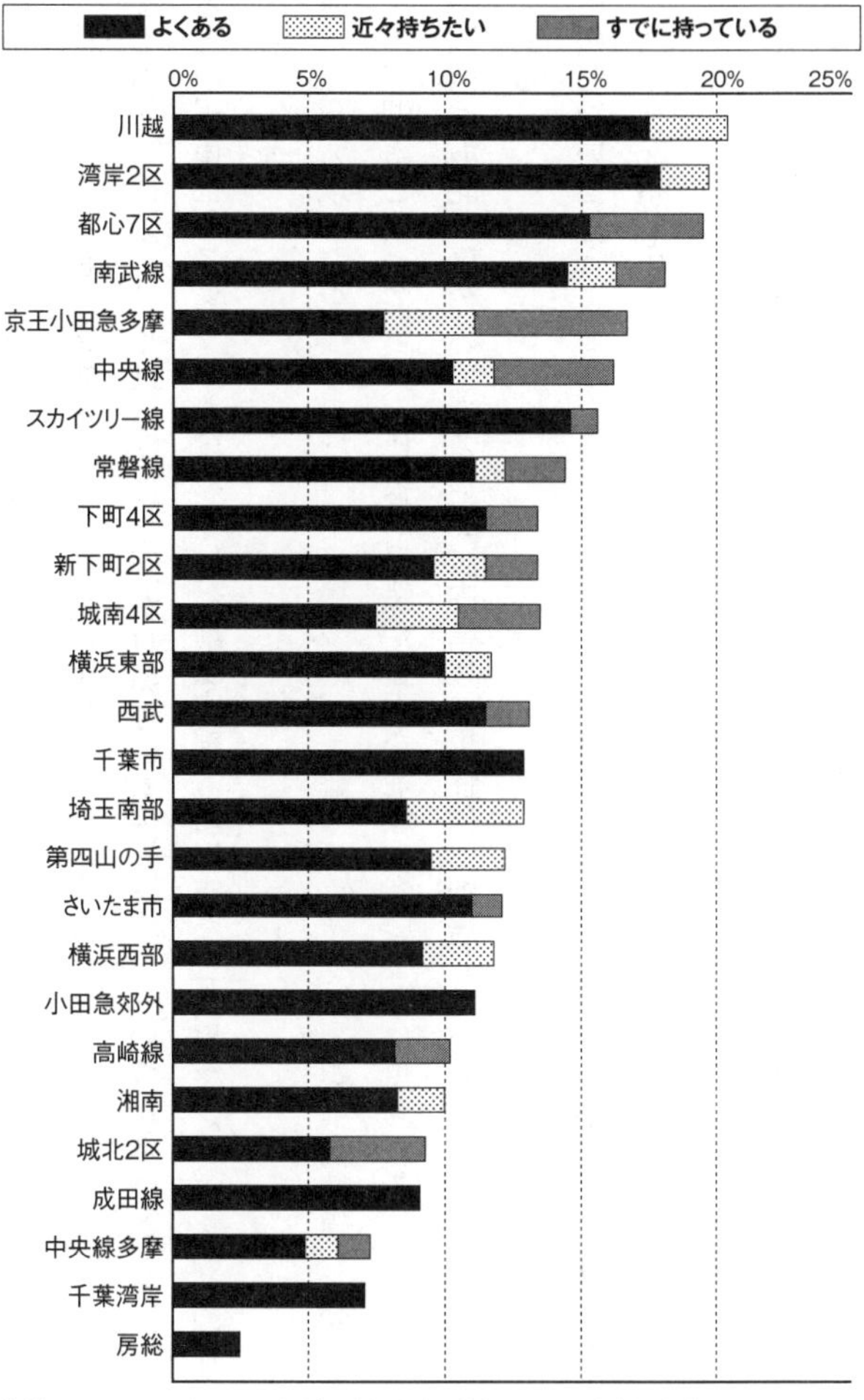

資料:カルチャースタディーズ研究所「中高年男性調査」2010　調査実施:(株)ネットマイル

別居したいと思うことが「よくある＋いつかきっとしたい」の合計が多いのは、埼玉南部、湾岸2区、川越、常磐線、横浜西部、中央線、横浜東部などである（図3－2）。「よくある」に限るとやはり湾岸2区が11％でいちばん多く、「いつかきっとしたい」に限ると埼玉南部が7％でいちばん多い。埼玉南部も川口市など高層マンションの多い地域である。

逆に、5％以下と少ないのは、中央線多摩、房総、スカイツリー線、高崎線、城北2区、千葉市、湘南となっている。比較的自然が豊かな地域が多いように思われる。

23区内は城北2区のみである。23区内に住む男性は、別居したいと思わない人が少ないのである。

離婚したいと思うことが「よくある＋いつかきっとしたい」の割合が高いのは、埼玉南部、湾岸2区が上位であり、以下、中央線、川越、横浜東部、常磐線が11％以上で多い（図3－3）。

湾岸2区は、「よくある」に限るといちばん多い。湾岸2区は、隠れ家願望、別居願望、離婚願望とも高く、埼玉南部も別居願望と離婚願望が高いという結果である。

図3-2　居住ブロック別 別居したいと思うことが「よくある+いつかきっとしたい」の割合

■よくある　□いつかきっとしたいと思う

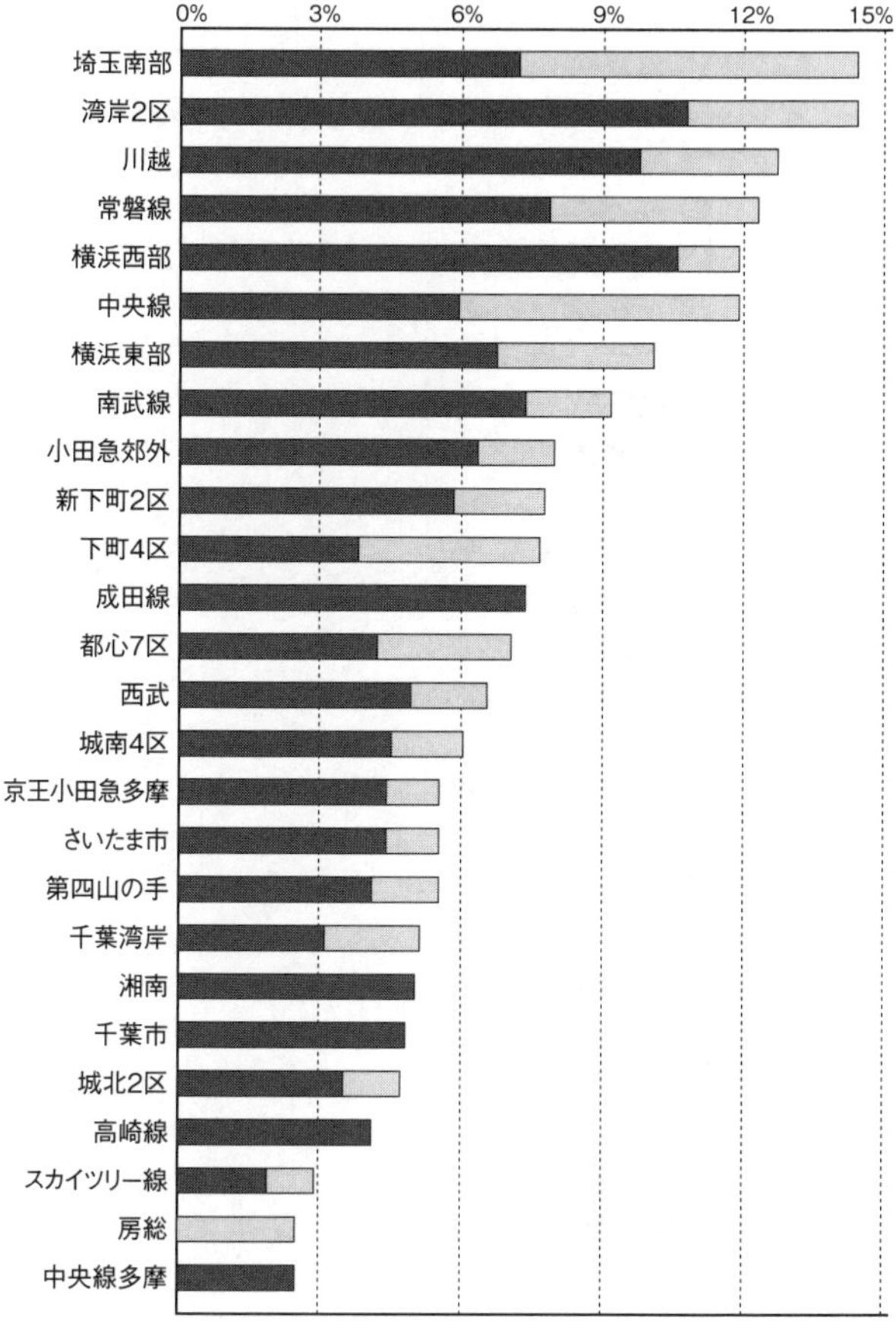

資料:カルチャースタディーズ研究所「中高年男性調査」2010　調査実施:(株)ネットマイル

図3-3 居住ブロック別 離婚したいと思うことが「よくある＋いつかきっとしたい」の割合

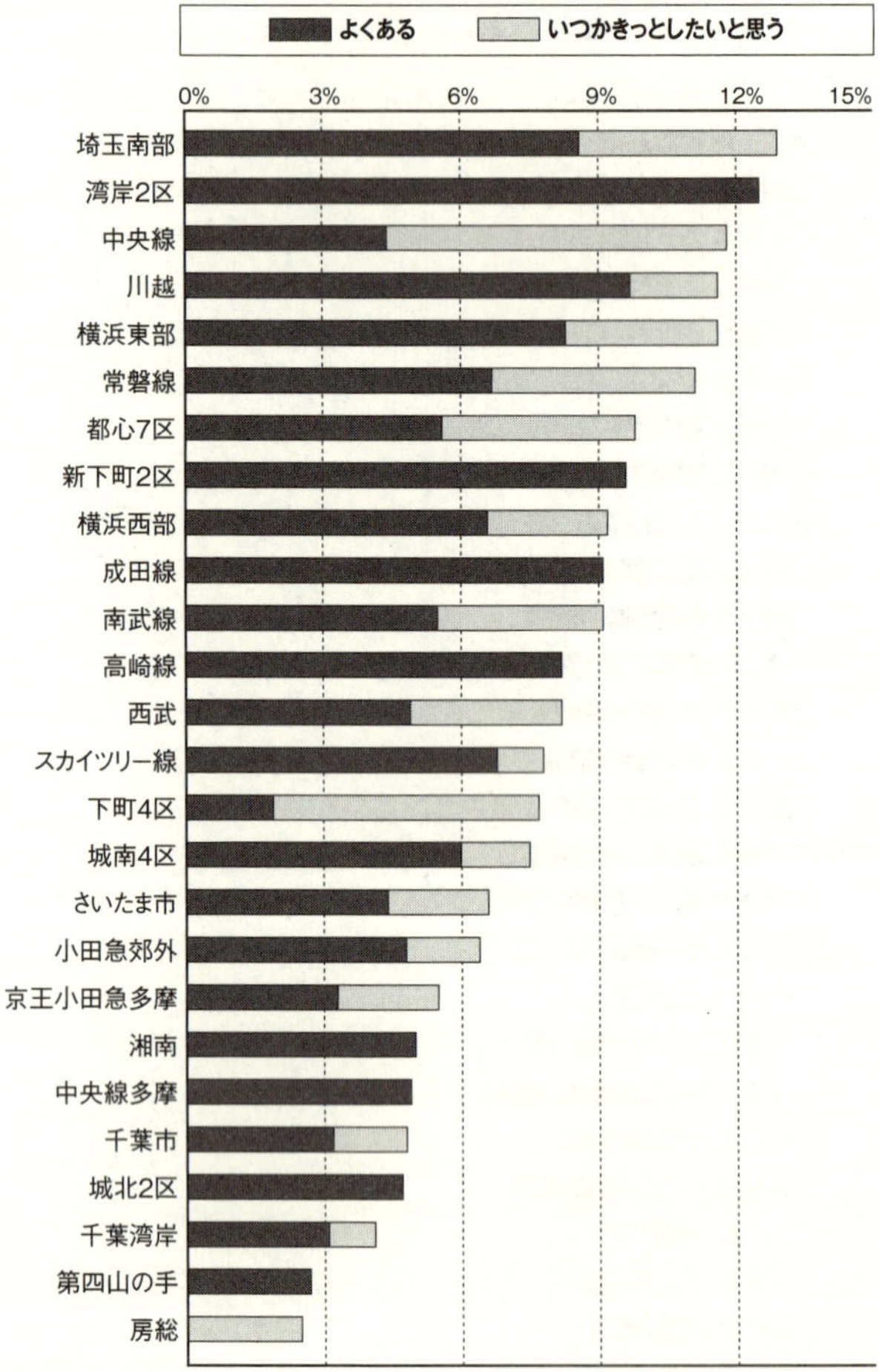

資料:カルチャースタディーズ研究所「中高年男性調査」2010　調査実施:(株)ネットマイル

ただし「いつかきっとしたいと思う」だけに限ると、いちばん多いのは中央線であり、7・4%である。これはかなり高い数字である。後述するように、中央線に住む男性の妻が高学歴であることと関係しているかもしれない。

対して、第四山の手、千葉市、千葉湾岸、さいたま市、湘南、中央線多摩など、比較的知名度の高い郊外地域では概して離婚願望は低い。これらの地域は、学歴や年収が高い男性が多いので、離婚願望を持ちにくいのであろう。

離婚したいと言われたことがある夫が多いのは、またしても湾岸2区が1位であり、以下、横浜東部、常磐線、成田線などとなっている（図3－4）。

都心7区も離婚したいと言われた夫がやや多いが、これは高学歴のキャリア妻が多いためかと思われる。しかし、同じように高学歴のキャリア妻が多いはずの中央線では離婚したいと言われた夫は少ないので、たしかな理由は不明である。

また、今後の不安として、妻との関係悪化を恐れる男性は、常磐線、新下町2区、下町4区で多い。次はまたもや湾岸2区であり、千葉湾岸でも多い（図3－5）。

つまり東京都心から見て東側に妻との関係悪化を恐れる男性のゾーンが広がっていると

図3-4　居住ブロック別 離婚したいと言われたことがある割合

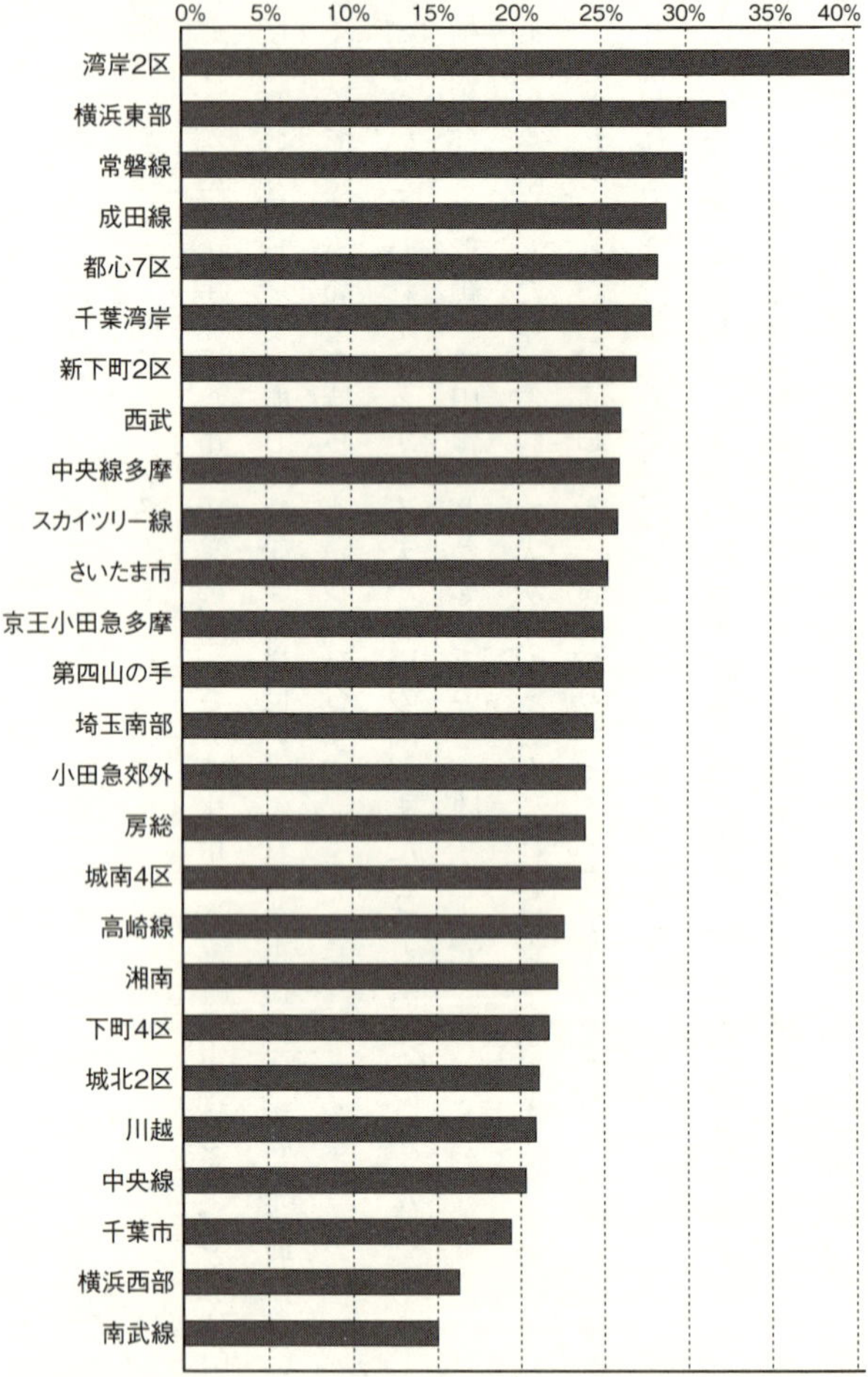

資料:カルチャースタディーズ研究所「中高年男性調査」2010　調査実施:(株)ネットマイル

図3-5　居住ブロック別 妻との関係悪化を恐れる割合

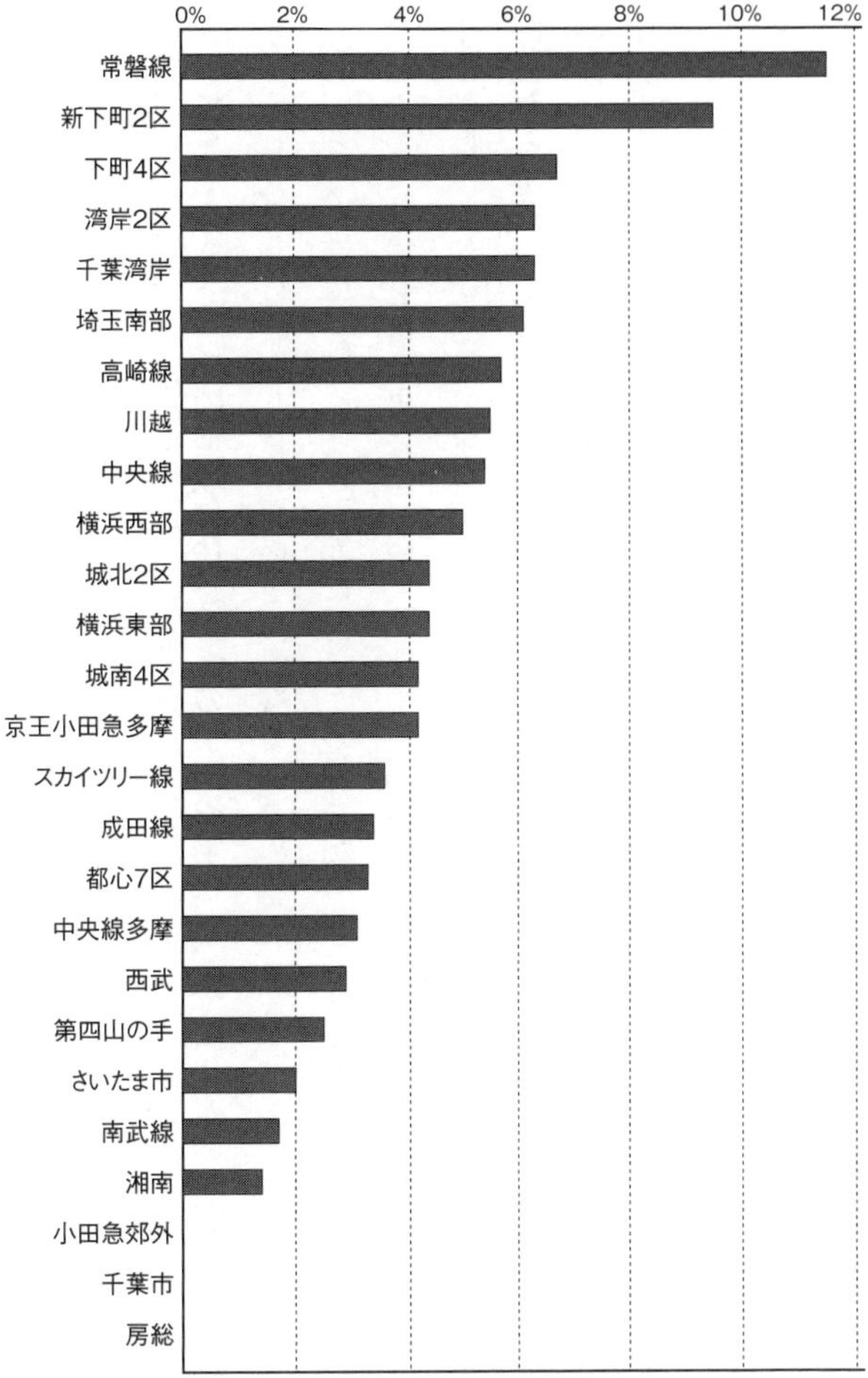

資料:カルチャースタディーズ研究所「中高年男性調査」2010　調査実施:(株)ネットマイル

いう不思議な傾向である。男性の所得がやや低いためであろうと思われる。

湾岸2区男性の特徴

こうして見てくると、その地域に住む男性の学歴や年収が、やはり大きな要因であるらしいが、それだけでは説明しきれないところも多い。

ただし、どうも湾岸2区に住む男性に何らかの特性がありそうだということはたしかである。そこで、湾岸2区の男性について、他の質問の回答を詳しく見てみよう。

まず年齢は、40代が51％（全体では40％）と、若い世代が多い。新人類世代、バブル世代と呼ばれる世代であり、消費志向が強い世代と言われる。

結婚後の期間は10年未満が20％である（全体は13％）。恋愛結婚が94％と多く（全体は82％）、結婚した理由は「勢いで」が27％と多い（全体は15％）。バブル世代らしいノリの良さかもしれない。

子どものいる夫婦は70％弱であり全体よりやや少ない。

夫の職業は正社員が71％と多く（全体は60％）、職種は「営業・販売」「調査・研究、企画・マーケティング、クリエイティブ」が合計で42％（全体は28％）。企業社会の中で中心的な役割を果たしていそうである。そうだからこそ、会社に通いやすい湾岸2区に住んでいるのであろう。

妻も正社員が25％と多く（全体は16％）、専業主婦は32％と少ない（全体は43％）。夫の年収は700万円以上が46％であり、全体よりやや高いだけだが、年齢が若いことを考慮すれば、年収の高い人たちだと言える。

妻の年収は200万円以上400万円未満が20％（全体は12％）。夫婦合計すると1000万円以上も少なくないことになる。

若いこともあり、貯蓄は平均以下。都心近くに住んでいるので住居費が高く、消費も旺《おう》盛《せい》なため、貯蓄に回らないのであろう。

住宅は持ち家集合住宅が38％である（全体は28％）。

このように、湾岸2区に住む男性は、とても現代的なタイプに見える。ただし学歴は、大卒が56％であり、全体の72％よりかなり低い。妻の学歴も大卒が22％であり、全体の32％よりも低い。

そのためか、今後の不安としては「収入の伸び悩み」が46％（全体は36％）、「ローンを支払い続けられるか不安」「親の介護」も平均以上である。

また、自宅で個室を持っているのは33％（全体は37％）、ひとりになれる場所があるのは43％（全体は49％）であり、こんなところに隠れ家願望、別居願望の背景がありそうだ。マンション住まいなので、ちょっと外に散歩に行き、公園のベンチでぼんやり、という行動が取りにくいのではないだろうか。

実の両親は違う都道府県に住んでいるという人が49％と、やや多い（全体は42％）。きょうだいも62％が違う都道府県に住んでいる（全体は52％）。

しかも高層マンション暮らしなので、近所の人との付き合いは希薄である。近所にほとんど知人、友人はいないという人が35％である（全体は23％）。

したがって、日常的なつながりは会社の仲間と自分の家族だけ、という人たちであると言える。それだけに、家族との関係が濃密になりすぎて、そこから脱出したいという願望も強まるのではないだろうか。

湾岸地区では赤提灯も少ない。会社でも家庭でもない第三空間が足りないのである。勤め先と自宅が近いことも第三空間への逃避をかえって難しくしているものと思われる。

だからか、妻と「毎日たくさん、いろいろな話題で会話する」という人は37％である（全体は47％）。妻も働いているため、生活時間がずれて、会話が少なくなるようである。

妻の家事、料理への満足度は全体よりも低く29％（全体34％）、夫婦の家事分担の割合では、「妻8：夫2」以上が13％とやや多い（全体11％）。また、今後妻に望む年収は300万円以上400万円未満が18％と多い（全体12％）。自分の年収の伸び悩みがあるためであろう。

妻の日常行動としては、「あなたが出かけるときに寝ているままのことがよくある」が19％と多く（全体は11％）、離婚の理由としては妻の浮気が9％と多い（全体は4％）。「あなたが帰宅したときに奥さんが帰宅していないことがよくある」も13％と多い（全体7％）。つまり、離婚した男性の元妻に多い夜型である。

このように、湾岸2区に住む夫婦は、若く、共働きが多く、年収は高いなど、現代の東京の典型とも言える。それだけに、夫婦としての現代的な問題も多く潜んでおり、夫婦ともに離婚を考えやすい状況が生まれていると言えそうなのである。

保守的な第四山の手

湾岸2区と対照的な傾向を示している地域のひとつが第四山の手である。第四山の手とは、パルコ時代に私が編集していたマーケティング雑誌がつくった造語だが（詳しくは拙著『郊外はこれからどうなる？』中公新書ラクレ、2011年参照）、本調査で言う第四山の手は、東急田園都市線沿線を中心とした横浜市青葉区、港北区、都筑《つづき》区、川崎市麻生《あさお》区、宮前区と定義した。

第四山の手には、文京区、港区、渋谷区、目黒区、世田谷区、杉並区などの旧来の山の手からの文化的連続性があるので、男女観、結婚観、夫婦観などに、どちらかと言えば保守的な傾向がある。

まず、妻の職業は専業主婦だという男性が59％で、26ブロック中最多である（表3－1）。

逆に、専業主婦率が低いのは、湾岸2区、埼玉南部、川越、下町4区、千葉湾岸であり、先述した離婚、別居、隠れ家願望が強い地域であることが明らかである。

また、第四山の手では、結婚は「完全に見合い」だった男性が10％と多めであり、「見

表3-1　居住ブロック別 妻の職業

(%)

	専業主婦	パート・アルバイト	正社員(総合職、キャリア)	正社員(事務職、一般職)	自由業、自営業	契約社員、派遣社員、嘱託
第四山の手	**58.8**	20.0	7.5	6.3	2.5	2.5
常磐線	52.9	22.1	4.8	12.5	1.0	2.9
千葉市	52.2	17.9	4.5	7.5	4.5	9.0
横浜西部	51.3	30.0	6.3	6.3	2.5	2.5
城南4区	50.7	17.4	12.5	7.6	5.6	2.8
小田急郊外	49.3	16.9	9.9	7.0	2.8	8.5
横浜東部	48.5	17.6	11.8	8.8	4.4	2.9
高崎線	47.2	26.4	3.8	7.5	3.8	1.9
城北2区	46.7	15.6	6.7	13.3	3.3	7.8
新下町2区	46.0	22.2	11.1	6.3	4.8	6.3
湘南	45.8	22.2	**13.9**	8.3	1.4	5.6
さいたま市	45.5	22.2	**13.1**	11.1	2.0	4.0
南武線	45.0	25.0	**13.3**	8.3	3.3	3.3
中央線	44.6	18.9	**12.2**	12.2	9.5	1.4
成田線	44.1	28.8	**13.6**	5.1	1.7	3.4
京王小田急多摩	43.8	27.1	8.3	9.4	2.1	4.2
スカイツリー線	43.8	28.6	10.7	12.5	0.9	0.9
都心7区	41.3	12.0	**19.6**	12.0	6.5	4.3
中央線多摩	40.6	26.0	**13.5**	13.5	4.2	2.1
西武	40.6	29.0	**14.5**	8.7	1.4	4.3
房総	39.1	32.6	6.5	6.5	10.9	0.0
千葉湾岸	38.7	26.1	6.3	**13.5**	3.6	9.0
下町4区	35.0	18.3	8.3	**13.3**	13.3	5.0
川越	34.5	34.5	8.2	10.0	3.6	4.5
埼玉南部	32.9	23.2	14.6	**13.4**	3.7	8.5
湾岸2区	31.7	22.2	11.1	**14.3**	7.9	11.1

資料:カルチャースタディーズ研究所「中高年男性調査」2010　調査実施:(株)ネットマイル

合いした後に恋愛」も11％と多く、合計21％になる（図3－6）。

それに対して湾岸2区は「完全に見合い」「見合いした後に恋愛」を合計しても6・4％のみである。

また、「完全に恋愛」が多いのは、新下町2区、湾岸2区、城北2区、埼玉南部という、やはり離婚、別居願望が強い地域である。

妻と知り合ったきっかけを見ても、小田急郊外（神奈川県）、中央線多摩、そして第四山の手といった東京の西側郊外地域は「見合い」が多い（表3－2）。やはり、ある程度家柄を重んずる山の手的な性格があるからだと思われる。

また比較的一流企業の社員が多い地域なので、上司や取引先から相手を紹介されたケースも多いのであろう。

それに比べると湾岸2区は「見合い」は3％ほどであり、「同じ会社だった」が38％、「友人、知人の知り合いだった」が29％と、日ごろの交友関係の中から結婚相手を見つけている傾向が強い。新下町2区、埼玉南部も「見合い」が4～5％で少ない。

また下町4区は、「合コンや遊びに行った先や旅行先」が22％と多くなっており、いわ

図3-6　居住ブロック別 見合い結婚か恋愛結婚か（「完全に見合い」が多い順）

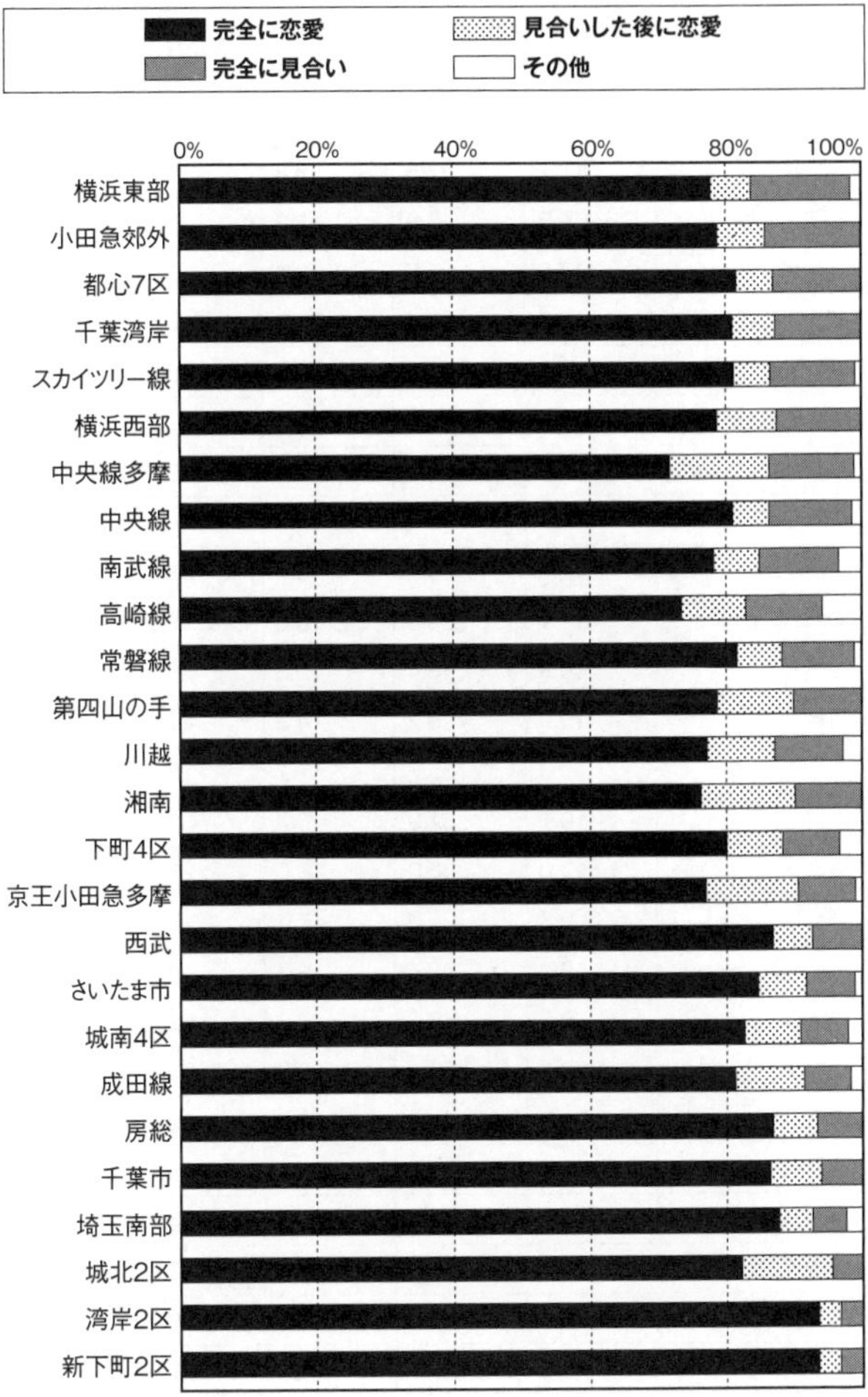

資料:カルチャースタディーズ研究所「中高年男性調査」2010　調査実施:(株)ネットマイル

表3-2　居住ブロック別 妻と知り合ったきっかけ（主なもの）

(%)

	見合い	同じ会社だった	同じ学校だった	友人、知人の知り合いだった	合コンや遊びに行った先や旅行先で
小田急郊外	19.7	23.9	7.0	21.1	16.9
中央線多摩	17.7	37.5	8.3	13.5	10.4
第四山の手	**17.5**	28.8	11.3	20.0	13.8
高崎線	17.0	35.8	9.4	15.1	9.4
京王小田急多摩	16.7	37.5	7.3	13.5	9.4
横浜東部	14.7	41.2	7.4	16.2	11.8
横浜西部	12.5	**45.0**	2.5	21.3	10.0
中央線	12.2	23.0	6.8	29.7	14.9
千葉湾岸	11.7	37.8	5.4	24.3	9.0
下町4区	11.7	26.7	6.7	18.3	21.7
城北2区	11.1	33.3	10.0	28.9	12.2
川越	10.9	36.4	5.5	23.6	10.9
房総	10.9	28.3	4.3	41.3	6.5
スカイツリー線	10.7	35.7	7.1	22.3	11.6
西武	10.1	31.9	8.7	33.3	10.1
南武線	10.0	35.0	10.0	26.7	8.3
都心7区	9.8	25.0	17.4	18.5	14.1
城南4区	9.7	35.4	9.7	19.4	11.1
千葉市	9.0	46.3	3.0	22.4	10.4
成田線	8.5	33.9	10.2	23.7	16.9
湘南	8.3	41.7	4.2	33.3	5.6
常磐線	7.7	31.7	**14.4**	20.2	10.6
さいたま市	5.1	40.4	6.1	24.2	10.1
新下町2区	4.8	34.9	7.9	23.8	15.9
埼玉南部	3.7	40.2	7.3	20.7	14.6
湾岸2区	3.2	**38.1**	1.6	**28.6**	15.9

資料:カルチャースタディーズ研究所「中高年男性調査」2010　調査実施:(株)ネットマイル

ゆるナンパから結婚に至るケースが多いのかも知れない。これはやはり下町的、庶民的な、気さくな人間関係のなせるわざであろうか。

このように、第四山の手は新しい郊外住宅地であるにもかかわらず、山の手らしい保守的な夫婦像を見せている。

夫婦観についても「夫は外で働き、妻は家庭を守るべきである」という考え方に「賛成」の男性は、横浜西部、小田急郊外、湘南といった東京西南部郊外を中心に多い。第四山の手は26ブロック中7位である（図3－7）。

「反対」が多いのは都心7区、埼玉南部であり、14％台である。次いで中央線が12％。これらの地域は、正社員の妻が多い地域だからであろう。

特に都心7区や中央線は、後述するように、高学歴で、かつ総合職などで働く妻が多いからであろう。

「あなたは一般的な女性の人生コースとして、どれが望ましいと思いますか。あなたの考えにいちばん近いものをひとつ選んで下さい」という問いに対しても、専業主婦タイプを望む人は、湘南のように古くからのステイタスのある保守的な地域、房総のようにまだ農

図3-7　居住ブロック別「夫は外で働き、妻は家庭を守るべきである」という考え方に賛成の割合

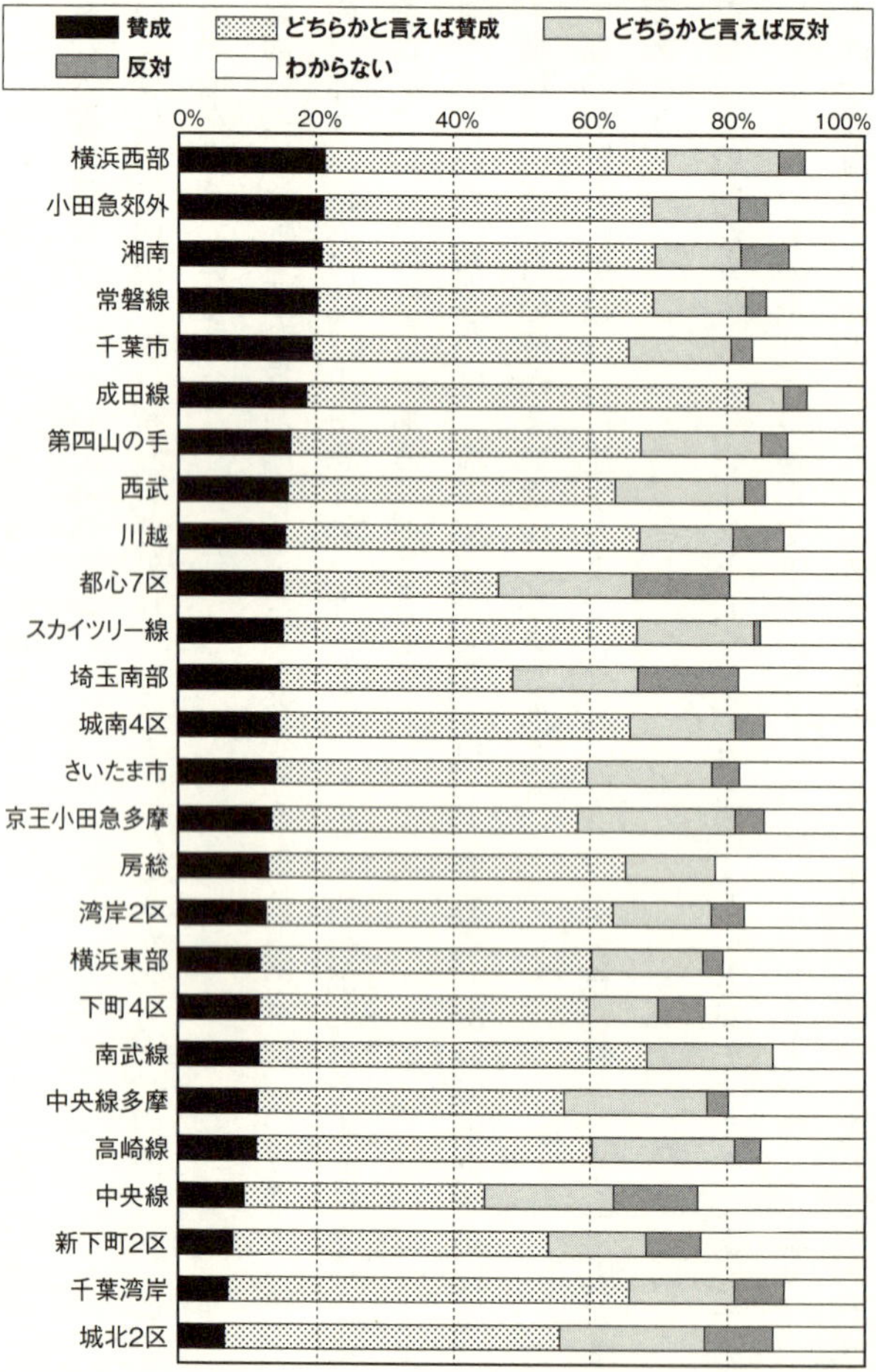

資料:カルチャースタディーズ研究所「中高年男性調査」2010　調査実施:(株)ネットマイル

村的、漁村的な生活が残っている地域で多いが、それらに次いで、第四山の手や京王小田急多摩で多い（図3－8）。

逆に、都心7区と中央線はキャリアタイプが非常に多い。

実際の妻のライフコースについては、第四山の手はやはり専業主婦タイプが多く、千葉市に次いで2位である（図3－9）。

対してキャリアタイプは、やはり都心7区と中央線で多くなっている。キャリアタイプの女性にとって都心と中央線沿線は住みやすいらしい。中央線沿線は、どのオフィス街にも行きやすい、出張帰りは東京駅から1本、駅前商業が発達しているので仕事帰りの買い物が便利などといった理由であろう。

このように、第四山の手、そしてそこを含む東京の西南部の郊外は、男女観、夫婦観、結婚観において保守的な性格を持っている。このことは、これらの地域が日本株式会社の企業戦士たちが多く住む地域であることを示している。

図3-8　居住ブロック別 望ましい女性のライフコース

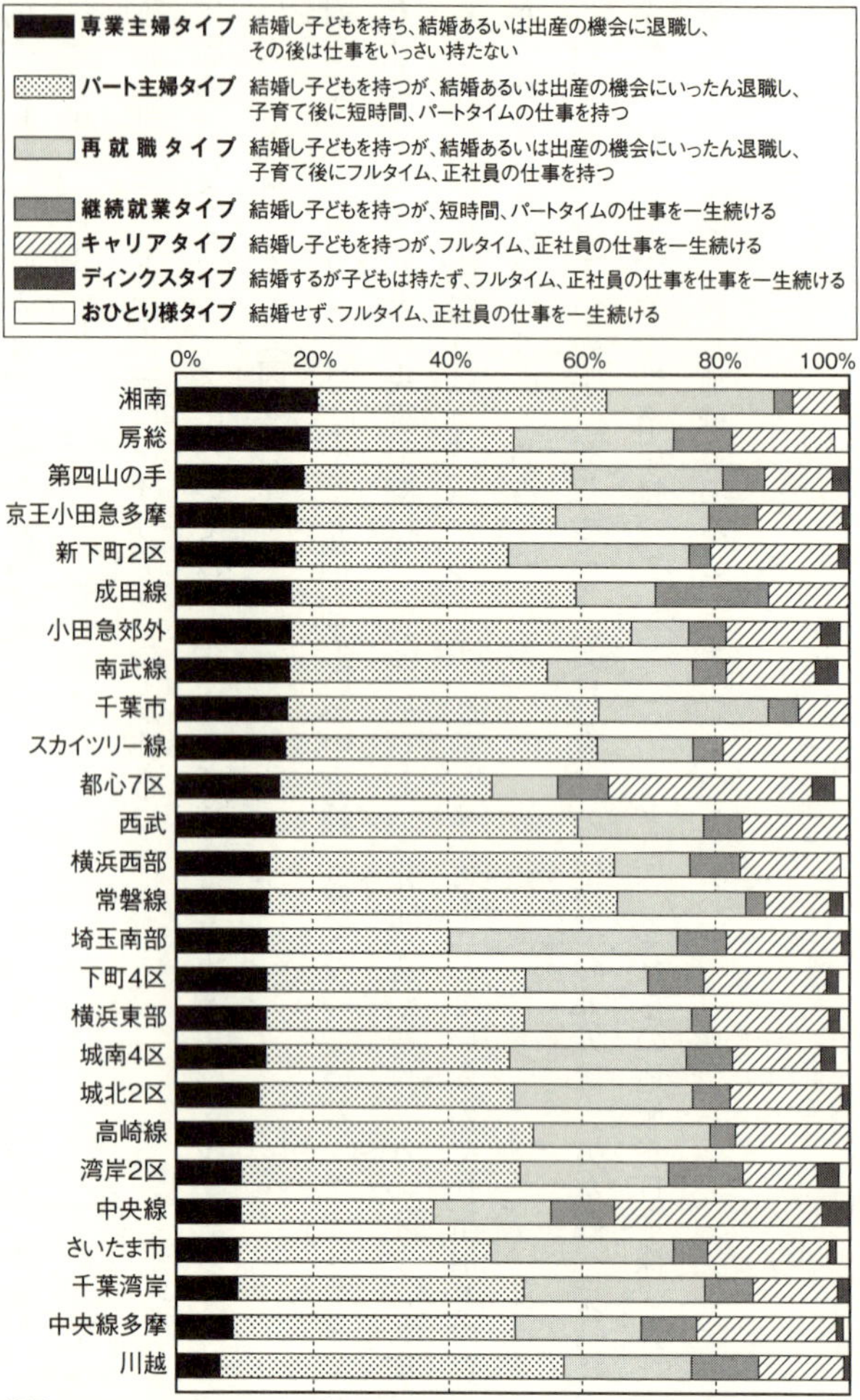

資料:カルチャースタディーズ研究所「中高年男性調査」2010　調査実施:(株)ネットマイル

図3-9　居住ブロック別 あなたの奥さんの実際のライフコース

専業主婦タイプ	結婚し子どもを持ち、結婚あるいは出産の機会に退職し、その後は仕事をいっさい持たない
パート主婦タイプ	結婚し子どもを持つが、結婚あるいは出産の機会にいったん退職し、子育て後に短時間、パートタイムの仕事を持つ
再就職タイプ	結婚し子どもを持つが、結婚あるいは出産の機会にいったん退職し、子育て後にフルタイム、正社員の仕事を持つ
継続就業タイプ	結婚し子どもを持つが、短時間、パートタイムの仕事を一生続ける
キャリアタイプ	結婚し子どもを持つが、フルタイム、正社員の仕事を一生続ける
ディンクスタイプ	結婚するが子どもは持たず、フルタイム、正社員の仕事を一生続ける
不明・無回答	

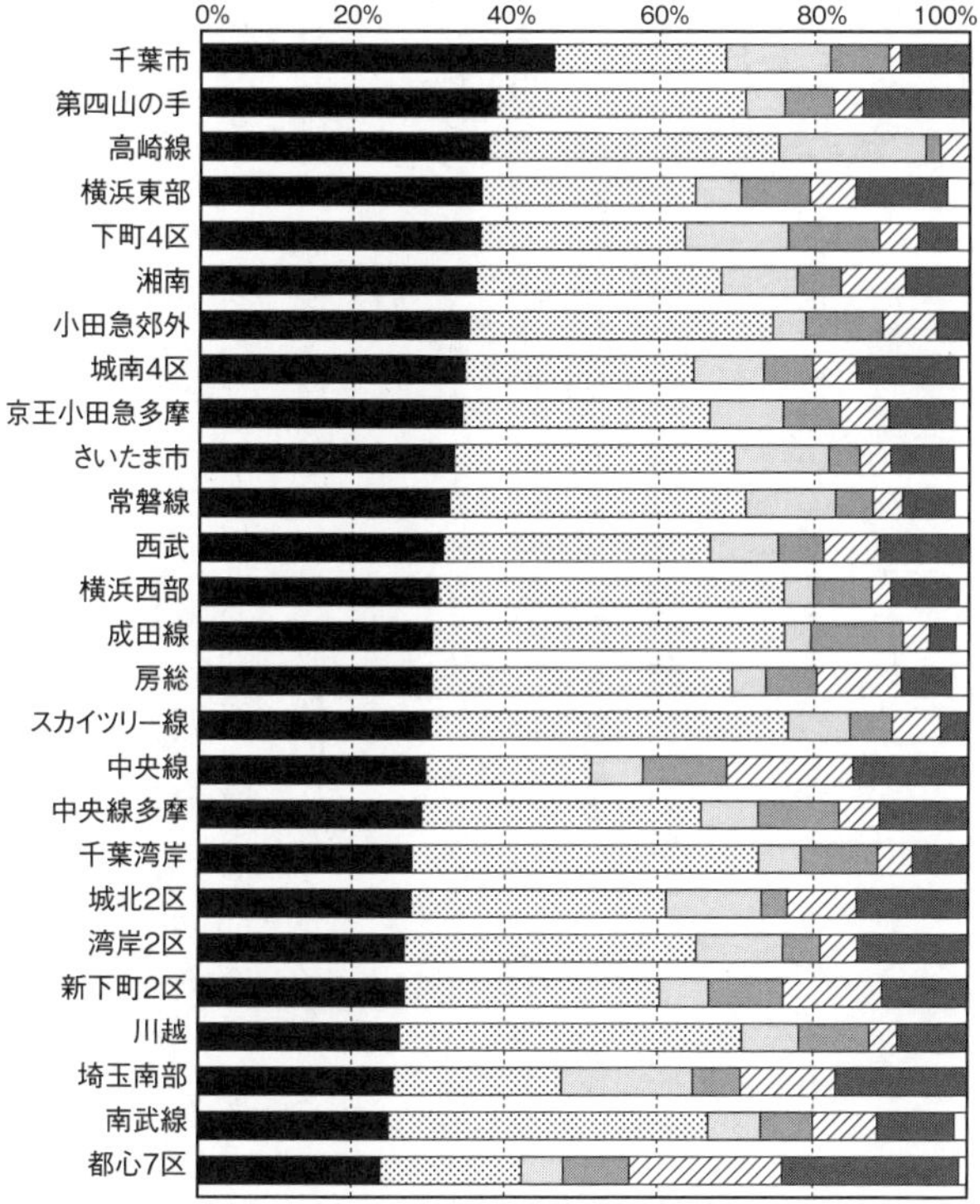

資料:カルチャースタディーズ研究所「中高年男性調査」2010　調査実施:(株)ネットマイル

リストラや住宅ローンにも負けない

それだけに今後の生活の不安として「リストラ」を挙げる男性は千葉市、西武線沿線に次いで第四山の手で多い（図3－10）。以下、小田急郊外、湘南、埼玉南部など、都心の比較的有名企業に勤めるサラリーマンが多そうな地域では、必然的にリストラの不安が多くなっている。

他方、「ローンを支払い続けられるか心配だ」という不安は、高崎線、スカイツリー線、埼玉南部、川越、さいたま市といった埼玉県全域で高くなっている（図3－11）。

これらの地域は西南部郊外よりも地価が安いので、そのぶんローンの金額は少ないはずであるが、男性の年収自体もより少ないためであろう。子会社、関連会社、下請け会社などに勤める人が多いのかもしれない。

また、妻がパートなどで働いている世帯も多いのであろう。しかし、妻がパートを解雇されたりしている可能性もある。そのため将来的な収入の見込みが立ちにくく、ローンの支払いを不安に思うのであろう。

図3-10　居住ブロック別 リストラされるかも知れないと考える割合

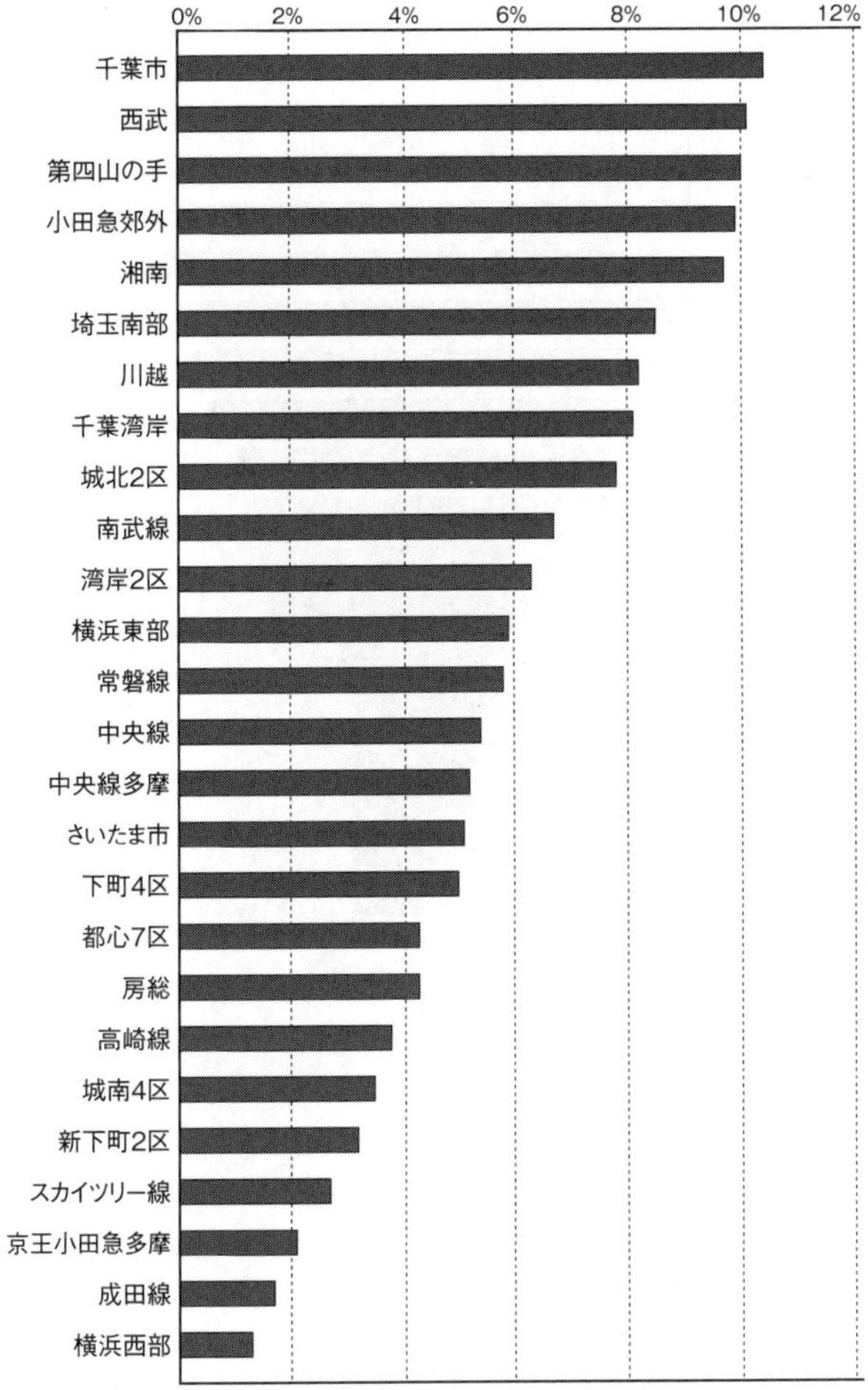

資料:カルチャースタディーズ研究所「中高年男性調査」2010　調査実施:(株)ネットマイル

図3-11　居住ブロック別
ローンを支払い続けられるか心配だという人の割合

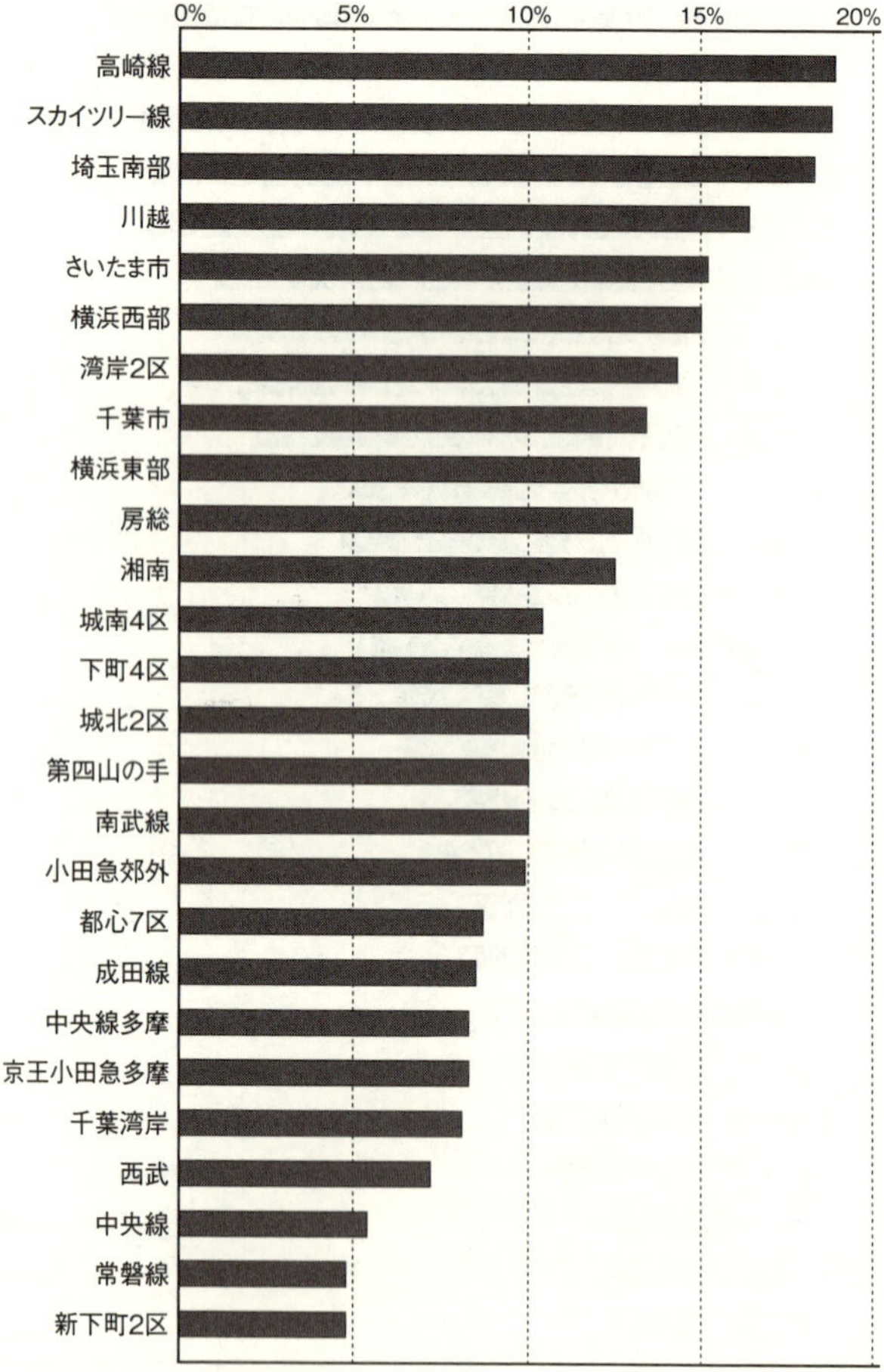

資料:カルチャースタディーズ研究所「中高年男性調査」2010　調査実施:(株)ネットマイル

それに対して第四山の手の男性たちは、一流企業勤務者が多いためか、ローンの支払いができなくなるのではないかという不安はあまり多くない。

以上、見てきたように、同じ中高年男性でも、当然のことながら、居住地域によってその特性は異なる。湾岸2区の居住者は、比較的若く、個人主義的で、現代的だが、ある意味では孤立しており、離婚のリスクが高い。

それに対して、第四山の手の居住者は、保守的で、やや古めかしいほどだが、生活は安定している。言い換えれば、夫婦、家族というつながりがしっかりしており、それによってリストラやローン苦などの危機に立ち向かうことができているように見える。

第4章　男たちはどうつながるか?

「男性原理」の貫徹

前章までで、現代の男性の離婚願望や別居願望などの背景について考えてきた。その結果として、私は、現代社会における「男性原理」の貫徹が、少なからぬ男性を苦しめているのではないかという仮説を持つに至った。

現代の日本社会は、特に3・11の震災以来、「絆」「つながり」「シェア」が重視されるようになっている。しかし他方では、「無縁社会」という言葉が一種の流行語になっていたことに象徴されるように、また序で述べた自殺者数が毎年3万人を超えていることなどから明らかなように、人々の「孤独化」「孤立化」の問題は解決されているわけではない。「孤独化」「孤立化」というと、ひとり暮らし、特に高齢者のひとり暮らしがイメージされることが多い。しかし未婚化などによって中高年のひとり暮らしも増えている。いわば全世代のシングル化が進んでいるのである（拙著『第四の消費』朝日新書、2012年参照）。

さらに、ひとり暮らしではないが、高齢化した親と同居する未婚者も増えているし、今後さらに増えそうである。高齢化した親の介護に疲れて、中高年の子どもが親と共に孤独死する事件も発生している。

しかし、「孤独化」「孤立化」は単に高齢化や未婚化によってのみ引き起こされているのではない。より社会意識論的に考えれば、「男性原理」の貫徹した社会こそが、「孤独化」「孤立化」を助長していると思われるのだ。

私がここで言う「男性原理」とは、「男尊女卑」の意味ではない。生物学的な性別が男であれ、女であれ、社会的な性格として「男性的」であることがよしとされるという意味である。

強いこと、闘争心があること、競争に勝つこと、より速く行動すること、相手を言い負かすこと、上から目線で語ること、お金を稼ぐこと、出世をすること、あるいはもっと通俗的には、精力が強いことなどなどが「男性原理」の特徴である。

当然だが、すべての男性が「男性原理」に適合しているわけでも、好んでいるわけでもない。しかし昔は、どんな男性でも「男性原理」に従って生きることがよしとされたし、強制もされた。「男は男らしく」することが求められた。それは、近代化を進める日本においては、軍事的にも経済的にも戦士となることが男性に求められたからである。

その代わり、どんなに男らしくない男性でも、昔は尊重された。「男性原理」という基準から見て、明らかに劣っている男性でも、ただ男でありさえすれば、相応の地位が与えられた。

逆に言えば、「男性原理」という基準から見て、明らかに優れている女性がいても、ただ女性であるという理由で、相応の地位は与えられなかった。これがつまり「男尊女卑」である。

実は、女性でも「男性原理」を好む者は少なくない。特に近年は、女性の活躍の場が広がり、「男性原理」を好む女性は、その「男らしさ」を遺憾なく発揮し、社会の中でどんどん重要な地位を占めるようになってきた。情報化が進んだことで、力仕事ではなく、情報処理の速度で能力を争えるようになったことも、女性が「男性原理」で生きやすい環境をつくってきた。

もちろん、欧米に比べれば、政治家や管理職に占める女性の比率などの点で、まだまだ女性の進出は進んでいないが、それでも30年前の日本に比べれば、はるかに進んだし、今後も進むであろう。

結果として、「男性原理」という基準から見て劣っているが、ただ男性であるがゆえに相応の地位が与えられていた男性は、彼らよりもよほど「男性原理」に適している女性によって、その地位を奪われた。

かつて、社会を動かしていたのは、「男性原理」に適しているかどうかにかかわらず、男性であった。しかし、今、社会を動かしているのは、「男性原理」に適した男性と女性である。「である」とまでは言い切れないが、だんだんそういう方向に向かっている。よって、社会全体の「男性原理」の貫徹度は、かつてより高まっている。戦争をしたり、暴力的な行動をしたりしないから、「男性原理」の貫徹が目立たないが、実際は「男性原理」がますます貫徹している。

このように、生物学的に男性であれ、女性であれ、「男性原理」に適している者が活躍の場を得られる社会を、私は「男性原理主義社会」と名付ける。

「男性原理主義社会」は、先述したように、強いこと、闘争心があること、競争に勝つこと、より速く行動すること、相手を言い負かすこと、上から目線で語ること、お金を稼ぐこと、出世をすることなどに価値を置く社会であるから、メリトクラシー（能力主義、実力主義）に適合的であり、結果として資本主義に適合的である。資本主義に適しているからこそ、経済のグローバリゼーションの進展と共に、現代社会の「男性原理主義社会」化が進むのである。

男性原理主義社会の問題

「男性原理主義社会」化が進むと、行動は、結果がもたらす効用の大きさで測られるようになる。しかもどれだけ速く効用が得られるかで行動の価値が測られるようになる。結果、人は、得になることはするが、損なことはしなくなりがちになる。成果を急いで求め、プロセスを楽しむことが減る。

「男性原理」は、嫌なことを人に押しつけがちである。嫌なこととは、自分の目的を遂行するうえで邪魔なもの、利益にならないもの、時間ばかりかかって面倒くさいもの、などである。

実際、成果主義的な人事政策が広がって、後輩の指導をする社員が減ったという。後輩の指導は、手間がかかる割に、結果が見えるのが先であり、かつ結果が出ない可能性も高いからである。だから、人事評価でも、後輩の指導をよくしたかどうかは点数が低いと聞く。

また、利益を出すという意味では有能とは言い難いが、あの人が組織にいると、何となく組織がうまく回る、といった「無用の用」的な人物が切り捨てられがちになる。

こうして組織にゆとりがなくなり、遊びがなくなると、短期的には利益を出せるが、長期的には社員のモラールが低下し、業績が悪化する。それに気づいた会社は、いち早く、単なる成果主義を見直しているようだ。

蛇足だが、私は近年、会社の中でお茶を出さなくなったのは問題だと思っている。経費削減の一環であり、また女性にお茶くみをさせることが差別だという理由であろう。ある会社では、役員会でも役員自身が自分で水をくんで飲むのだそうだ。だが、私はそんな会社では働きたくない。

さすがにそんな会社でも、重要な客が来れば、ちゃんとしたお茶を淹《い》れて出すだろうが、私くらいの人間だと、給湯器でくまれたお茶が紙コップで出てくるのが関の山である。ペットボトルが出てくることもある。何も出ない会社もある。私などは単なる外部の業者だが、とはいえ、一応客なのだからお茶くらい出すのが日本の文化だろうと思うが、経費削減の嵐はものすごい。

だが、お茶を出さない会社の業績が伸びているとは思えない。私にお茶を出さなかった某社はどこも昨年度大赤字である。いい気味である。大赤字だから今後はますますお茶は出なくなるだろうが、それが間違いだ。

お茶も出ないゆとりのなさ、文化のなさ、生活の軽視、そういうことが長期的には社員、および私のような外部のスタッフのモラールを低下させ、つまらないアイデアしか生まれなくなり、最終的には業績が悪化するのである。

私は、仕事中、客が来れば、一般的なお茶よりも数段上のお茶をお出しする。しかし客人たちは、話に忙しく、そのお茶を飲まぬまま帰ることも多い。では、お茶を出すのは無駄なのか。私はそうは思わない。お茶という飲料を飲んでもらうことがもてなしなのではない。お茶を出すという行為それ自体がもてなしなのである。

もてなしは文化であり、文化は、様式美（いわば「かっこよさ」）や遊び心を必要とする。かっこよさや遊び心のない会社に、面白い商品がつくれるわけがない。

また現代では、インターネットの普及のせいもあり、とても言葉が貧しくなっている。メールやツイッターなどで頻繁なやりとりをしている割には、本当の意味で感情のこもった、相手を本当に慮《おもんぱか》った言葉は少ない。

ファストフード店やファストファッション店の店員のマニュアル化された言葉と同様、メールでも「お世話になっております」「何卒よろしくお願い申し上げます」といった形式的な言葉ばかりがはびこっていて、それらの言葉を取り除くと、何も残らないのではないかと思われることも多々ある。特に日本の場合、形式主義になりがちであり、また何も言わなくてもわかるだろう、察してくれというコミュニケーションが基本にあるから、電子メールの普及によって、ますます言葉が空疎になっているように思われる。

言葉は文化であり、先述したように、文化は、かっこよさや遊び心を必要とするのであり、それらがない社会は殺伐として、味気ない。電子メールは人間同士のコミュニケーションを味気ないものにする危険もある。

もっと「女性原理」を

話を戻すと、「男性原理」に対して、私の言う「女性原理」とは、闘争を好まず、ただ強いだけであることを重視せず、負けた人にやさしく、弱い人を助け、世話をし、ゆっくり、じっくり相手の言うことを聞き、相手を言い負かすことより、相手との会話自体を楽しみ、お金を稼いだり、出世をしたりするよりも、美的なものに囲まれ、なごやかに暮らし、より多くの人々が幸せになることを重視するものである（それこそが「第四の消費」的である）。

また、先述したように「男性原理」が嫌なこととして押しつけたものを扱うのが「女性原理」である。介護などはその典型であろう。弱った人をケアする、それは利益にならないことだが、誰かがやらねばならないことである。だから「男性原理」と「女性原理」は、セットにならなければ社会はうまく回らない。

実はこの「女性原理」に適合的な男は多い。だったら、せっかく、「男性原理」に適合的な女たちが社会で活躍してくれるようになったのだから、そのぶん、「女性原理」に適合的な男たちは、競争せず、やさしく、美的に、なごやかに、金儲《かねもう》けなどに心を奪われず、人とつきあったり、芸術鑑賞をしたりして生きればいいと私は思う。かつて拙著『非モテ！』（文春新書、２００９年）にもそう書いた。しかし、そこはあまり話題にならなかった。そういうことを言うのが主旨の本ではなかったからなのだが、私としては、同書の結論として、男でも「女性原理」で生きればいいということが言いたかったのである。そうすれば、自殺もしなくて済むからである。

現代人は、人を助けることに飢えている

先述したように、離婚願望を持つこと、あるいは離婚をすることは、「男性原理主義社会」からの離脱、解放ではないかと私は思う（１２６ページ参照）。経済的理由で自殺する男性が多いのは、「男性原理主義社会」で失敗した男性が、「男性原理」に拘泥し、「男性原理」で自分を評価してしまうからだ。

そういう男性も「男性原理」を捨てて、あるいは少しその比重を軽くして、もっと「女性原理」に従えば救われうるはずだ。そのように考える人が増えたほうがよいと私は考え

ている。

しかし、「男性原理主義」が貫徹したように見える現代社会においても、それにもかかわらず、むしろそれだからこそ、人々は「女性原理」に飢えているようにも思われる。「女性原理」によって救われることだけでなく、みずからが「女性原理」の担い手として生きることを求めているように思われるのである。

それは典型的には3・11後の人々の様々な支援活動に現れている。もちろん災害時の支援は日本人だけのことではなく、どのような国にも共通の人間の本性であると私は思う。むしろ、3・11後の支援活動から感じられるのは、人を助ける気持ちが日本的であるというよりも、現代の日本人が人を助けることに飢えているのではないかということである。タイガーマスク現象などもその現れであろう。

家族的経営の終わりと男性の新しいつながり

それならば、いちばん身近な夫婦や親子こそがまず助け合えばいいじゃないかと思われるだろう。

だが、現代の家族は、むしろしばしば「男性原理主義社会」の基本単位として機能することを期待されているのであり、典型的には、夫が収入を得る、妻が家事をする、子どもは勉強をしていい大学に入る、といった「目的―手段」的な行動をすることが期待されている。

つまり現代の家族は、基本的には「男性原理」で動いているのである。言い換えれば、収入の低い夫、家事のできない妻、勉強のできない子どもは価値が低いとされる。これは「男性原理」から見た評価である。

しかしそれだけではぎすぎすするから、家族の中には「女性原理」も導入され、お互いが、ただそこにいるだけで幸せだという愛情の感覚が重視されるのである。

また、かつての日本の企業は、家族的経営と言われるように、「男性原理」と「女性原理」が併存する経営であった。だから、利益追求という点では有能とは言い難い社員も、よほどのことがなければクビにはならず、会社のどこかに「居場所」を見つけてもらい（居場所が窓際であったとしても！）、なんとか収入を得ることができたのである。

こうした「甘さ」を許す力が企業から失われたのが、１９９７年の山一證券破綻以後であろう。以来、日本企業はどんどん「男性原理主義」になっていくのである。

　結果、現代の男性の人生は非常に不安定になった。会社はなかなか成長しないし、自分の将来展望も不透明である。いつリストラされるかわからないし、昇進、所得の伸びもあまり期待できない。ローンが払いきれるかも不安であり、買った不動産の資産価値が目減りしていることにも気が滅入る。年金がどれくらいもらえるかも確実ではない。

　妻との関係も不安定である。いつ離婚してもおかしくない男性は多いし、自分にそのつもりはなくても、妻が夫の定年やリストラを機に三行半《みくだりはん》を突きつけてくる可能性も高い。

　こうしたわけで、会社人間、仕事人間だった男性にとっては、定年後の人間関係づくりが大きな課題だと言われて久しい。妻たちは、住んでいる地域や子どもの学校関係のネットワークを持っているが、男性にはそれがない。隣に誰が住んでいるかわからないケースすらある。

　長い人生、会社の同僚などのつながりだけでは、どうも不十分であることに現代の男性は気づいている。だが、じゃあ、どうしたらいいかがわからない、あるいは、わかっちゃいるけど、つながりをつくる時間がない、きっかけがない、そもそも面倒くさい、という男性が大勢だろう。

年齢とともに付き合いは増えるが……

しかし、家族、地域、趣味などのつながりが多様に存在すれば、男性の悩みはある程度解決するだろうし、冒頭で述べたような経済問題で自殺するようなケースは減るだろう。冒頭で紹介した小田切陽一は「若いうちからワーク・ライフ・バランスを意識して、家族や友人、地域とのつながりを築き、維持していくことが大切であり、長い目で見れば有効な介護予防、自殺予防につながる」と提案する。

では、実際に男性は地域とのつながりをどれくらい持っているのか。私の調査によって、近所の人との付き合いのレベルを見ると、「道で会ったら会釈をする程度の人がいる」が50％であり、圧倒的に多い（表4－1）。

次いで「道で会ったら立ち話をするくらいの人がいる」が34％。これは年齢が上がるとともに増え、60～64歳では44％である。特に55歳を過ぎてからの増加が顕著なので、定年前から近所付き合いを意識的に始めている人がいるものと思われる。犬の散歩などが近所

表4-1　既婚男性年齢別 近所付き合いの程度（複数回答可）

（%）

	全体	40～44歳	45～49歳	50～54歳	55～59歳	60～64歳
たまに家に招いて（招かれて）食事をしたり、酒を飲んだりする人がいる	12.5	14.5	12.6	13.3	10.7	11.3
たまに家に招いて（招かれて）お茶を飲んだりする人がいる	8.4	9.3	9.3	5.9	6.1	11.3
たまに居酒屋などで一緒に酒を飲んだりする人がいる	26.6	26.2	27.7	24.5	24.3	30.5
たまに喫茶店などで話をしたりする友人がいる	7.9	5.6	8.2	7.4	6.6	11.6
地域や子どもの学校などの祭りやイベントなどで一緒に活動する人がいる	12.4	13.3	15.3	10.5	9.5	13.5
道で会ったら立ち話をするくらいの人がいる	33.9	28.7	29.3	30.8	37.6	43.5
道で会ったら会釈をする程度の人がいる	50.4	47.0	50.6	50.2	49.0	55.3
ほとんど知人、友人はいない	22.6	27.8	23.3	25.1	21.8	14.9

資料:カルチャースタディーズ研究所「中高年男性調査」2010　調査実施:（株）ネットマイル

に知り合いをつくる手軽な方法であろう。

「たまに居酒屋などで一緒に酒を飲んだりする人がいる」は27％であり、けっこう多いなと思われる数字である。

逆に「ほとんど知人、友人はいない」は23％。これは年齢が上がると減り、60～64歳では15％である。

こうして見ると、年齢が上がるとともに近所付き合いはまあまあ増えるものだと言える。

マンション街は知人が少ない

ただしここにも地域差がある。「ほとんど知人、友人はいない」という人は、湾岸2区で最も多い（表4－2）。またしても湾岸2区である！　次いで、埼玉南部、千葉湾岸、南武線、新下町2区で多い。第3章で見たように、湾岸2区のように高層マンションが多い地域では、離婚願望、別居願望が高い傾向があったが、近所付き合いの低さという傾向も同じような地域で見られるのだ。かつ、この傾向は55～64歳にも見られる。湾岸のマンションに住むと、歳をとっても地域に知人、友人ができにくいのである。

マンションは、たしかに、近所付き合いが難しい。ドアで隔てられているので、生活時間が少しでも違うと隣の人と会わない。私も以前住んでいたマンションで隣人の顔を見たのは6年間に2回だけだった。エレベーターを出て右に部屋があるか、左に部屋があるかだけでも、顔を合わせる機会が減る。もちろん階が違えばなおさら。庭付き一戸建てなら、庭に出たり、洗濯物を干したりしたときに、顔を見かける、声をかけるということがあるが、マンションだとそれもない。だからマンションの多い地域では地域に知人、友人がつくりにくいのである。

逆に「ほとんど知人、友人はいない」という人が少ないのは、地方色のまだ強い高崎線、房総、川越である。

また、中央線は都心に近いわりには「ほとんど知人、友人はいない」が12％と少ない。おそらく、中央線は学生などの若い人がつねに流入してきた歴史があり、知らない者同士がすぐに打ち解ける風土があるのだろう。安い居酒屋、バー、最近はカフェなどが多く、知らない人が出会う場が多いのである。

最も濃密な人間関係と言える「たまに家に招いて（招かれて）食事をしたり、酒を飲ん

表4-2　居住ブロック別 近所付き合いの程度（複数回答可）

（%）

	たまに家に招いて（招かれて）食事をしたり、酒を飲んだりする人がいる	たまに家に招いて（招かれて）お茶を飲んだりする人がいる	たまに居酒屋などで一緒に酒を飲んだりする人がいる	たまに喫茶店などで話をしたりする友人がいる	地域や子どもの学校などの祭りやイベントなどで一緒に活動する人がいる	道で会ったら立ち話をするくらいの人がいる	道で会ったら会釈をする程度の人がいる	ほとんど知人、友人はいない
全体	13.3	8.7	27.7	9.6	11.5	34.6	49.9	22.9
都心7区	14.1	5.4	20.7	6.5	9.8	31.5	55.4	20.7
下町4区	10.0	8.3	26.7	11.7	15.0	38.3	55.0	23.3
湾岸2区	12.7	14.3	27.0	11.1	9.5	27.0	38.1	**34.9**
城南4区	13.9	8.3	29.9	9.7	10.4	38.2	50.7	20.1
中央線	13.5	10.8	28.4	8.1	10.8	**45.9**	55.4	12.2
城北2区	13.3	14.4	32.2	12.2	15.6	36.7	52.2	22.2
新下町2区	23.8	7.9	28.6	4.8	12.7	38.1	49.2	28.6
中央線多摩	5.2	2.1	21.9	9.4	12.5	31.3	46.9	27.1
京王小田急多摩	13.5	8.3	29.2	12.5	12.5	29.2	46.9	26.0
西武	15.9	10.1	33.3	8.7	5.8	29.0	47.8	17.4
横浜東部	7.4	4.4	22.1	5.9	5.9	26.5	48.5	26.5
横浜西部	11.3	11.3	23.8	7.5	8.8	41.3	43.8	20.0
第四山の手	11.3	11.3	16.3	5.0	8.8	20.0	53.8	26.3
南武線	5.0	8.3	28.3	8.3	13.3	28.3	43.3	**30.0**
小田急郊外	15.5	11.3	32.4	9.9	9.9	26.8	52.1	19.7
湘南	8.3	6.9	26.4	8.3	16.7	40.3	58.3	15.3
さいたま市	13.1	7.1	31.3	9.1	12.1	28.3	43.4	21.2
川越	14.5	9.1	32.7	5.5	20.9	42.7	54.5	15.5
高崎線	17.0	15.1	30.2	7.5	18.9	43.4	**64.2**	11.3
埼玉南部	11.0	7.3	14.6	3.7	13.4	32.9	46.3	**31.7**
スカイツリー線	11.6	5.4	24.1	4.5	9.8	37.5	50.0	25.0
千葉市	14.9	10.4	29.9	10.4	14.9	28.4	56.7	22.4
房総	13.0	13.0	32.6	4.3	19.6	**60.9**	47.8	13.0
千葉湾岸	13.5	5.4	26.1	5.4	9.9	28.8	49.5	**30.6**
常磐線	12.5	6.7	18.3	7.7	13.5	36.5	51.0	23.1
成田線	8.5	5.1	25.4	5.1	16.9	32.2	55.9	22.0

資料:カルチャースタディーズ研究所「中高年男性調査」2010　調査実施:（株）ネットマイル

だりする人がいる」が多いのは、新下町2区。フーテンの寅さんと北野武の故郷である。昭和初期あるいは高度成長期にその地に住み始めた住民が多く、意外に歴史が浅いから、よそ者を受け入れやすい。しかし庶民的で、気の置けない風土があり、人々が気さくに付き合えるのであろう。

ただし、新下町2区は「ほとんど知人、友人はいない」割合も多い。これは、おそらく最近この地の高層マンションに住み始めた新住民の傾向が出たのではないかと思われる。

また、離婚願望度別に見ても、離婚願望が強い男性とすでに離婚した男性は、地域に「ほとんど知人、友人はいない」割合が3割と高い（表4－3）。離婚男性は「道で会ったら会釈をする程度の人」も少なめである。離婚願望が強い、あるいは離婚する男性は、妻との関係だけでなく、地域との関係づくりなど、そもそも人間関係づくりが苦手なタイプなのかなと思われる数字である。

家事をすることで近所付き合いを広げよう

このように現代の中高年男性は、会社というつながりが希薄化した中で、家族とも地域

表4-3　離婚願望度別および離婚男性 近所付き合いの程度
（複数回答可）

（%）

	離婚願望ない	離婚願望弱い	離婚願望強い	すでに離婚
たまに家に招いて（招かれて）食事をしたり、酒を飲んだりする人がいる	12.7	11.3	5.8	19.1
たまに家に招いて（招かれて）お茶を飲んだりする人がいる	8.5	7.5	9.1	9.1
たまに居酒屋などで一緒に酒を飲んだりする人がいる	25.3	24.7	**32.5**	**34.3**
たまに喫茶店などで話をしたりする友人がいる	7.7	6.7	6.5	12.6
地域や子どもの学校などの祭りやイベントなどで一緒に活動する人がいる	13.9	12.3	11.0	5.2
道で会ったら立ち話をするくらいの人がいる	34.9	36.3	30.5	24.8
道で会ったら会釈をする程度の人がいる	51.4	52.6	50.0	**39.6**
ほとんど知人、友人はいない	20.8	21.9	**26.6**	**31.7**

資料:カルチャースタディーズ研究所「中高年男性調査」2010　調査実施:（株）ネットマイル

とも十分につながりを持てずに苦しんでいる。

そこから抜け出すためのひとつの対策が、「女性原理」を取り入れて生きることであると私は考える。具体的には家事と趣味を楽しむことである。日常の生活を愛し、衣食住を趣味として楽しむことである。

まず家事について。第2章で書いたように、離婚願望が強い男性ほど、あるいはすでに離婚した男性ほど家事をしている。だが彼らの多くは、おそらく嫌々家事をしているのであろう。

だから、家事はあくまで夫が自発的

にするのでないと意味がない。妻が強制しないほうがよい。

強制するくらいなら、何もしないほうがましである。何もしなければ、夫も自分でどうにかするだろう。寝たきり老人になるまでは、あえて自立を促すために、夫をほうっておくべきだ。自分のことは自分でできるようにさせるべきである。

家事をすれば、地域とのつながりは自然とできる。玄関前を掃除したり、庭仕事をしたり、買い物に行ったりしていれば、近所の人と出会うからである。出会えばあいさつくらいするであろう。あいさつをすれば、だんだん仲間が広がるだろう。

2番目の趣味でおひとり様ライフを楽しもう

次に趣味について。地域社会における仲間づくりであれ、ネットを通じた仲間づくりであれ、共通の趣味や関心事を持つことが中高年男性のつながりづくりに有効であることは言うまでもない。

江戸時代、男性にはむしろ今で言う「女子力」があったと思う。小唄だ、端唄《はうた》だ、お茶だ、お華だと、みんな男性がやっていた。男性はそうやって遊んでいて、女性に働かせていたのである。

それが近代化以降は、政治、軍事、経済ばかりに男性の関心が集中させられた。近代は男性が趣味や文化を忘れさせられた時代なのだ。だから、男性が近代的な「男性原理」から離れて、趣味や文化に生きることは全然おかしなことではない。むしろ先祖返りであろう。

しかし男性の場合、誰しも少しオタク的なところがあり、自分の趣味、関心事について語り出すと熱くなりすぎて、かえって友人ができにくくなる面もある。若い人と話していても、上から目線でいばってしまう。ついつい余計な講釈を垂れる。そういうことになりがちだ。あるいはドラえもんに出てくるジャイアンのように、下手な趣味を人に披露して煙たがられる。落語にも、下手な謡曲を使用人に聴かせて迷惑がられる旦那さんの話がある。

そこで私が提案したいのは、友人をつくるなら、自分の中の、2番目、3番目の趣味で友人をつくる、ということである。

カメラに詳しい人はカメラ仲間をつくらない。あまり詳しくないが、少しは知っていること、あるいは、ほとんど知らないが、関心はあるので、もっとこれから知りたいと思っていること、そういう2番目、3番目以降の趣味をたくさん持つことによって友人をつくっていくほうがよい。

そうすると、異世代や異性の仲間もできやすい。昔のモダンジャズなら自分のほうが詳しいが、今どきのハウスだかテクノだかの音楽だと若者のほうが詳しい。銀塩カメラは自分のほうが詳しいが、デジカメなら若者のほうが詳しい。料理や手芸なら女性のほうが詳しい。いや、最近は建築女子だの、数学女子だのが増えているから、建築や数学に興味を持てば若い女性と出会うチャンスも増えるだろう。

そういうように、自分が詳しい一つの趣味で人とつながろうとせず、あえて自分よりも詳しい人がたくさんいる趣味を持ったほうがよい。自分より若い人、女性のほうが詳しいことを趣味にして、一から学ぼうとすれば、自然と若い世代、女性の友人ができる。そうすると、男性社会であった会社とはまったく違うつながりを築くことができるだろう。

広告がしばしば描く仲の良い熟年夫婦像などは、私には気持ちが悪い。あれは単に物を売るために都合の良い夫婦像を広告代理店が捏造《ねつぞう》しているのだと思ったほうが正しい。40

年前のペアルックやニューファミリーと同じである。かつての標準世帯と同様、新しい老夫婦の標準を押しつけようとしているのだ。標準があれば企業が商品を作って売りつけやすいからである。

もちろん仲が良いのは結構だが、長い人生、妻や子どもや会社の同僚とだけ付き合っていくのはもったいないであろう。夫が妻より先に死ぬとは限らない。妻が先に死んだら、あるいはそれこそ離婚したら、男性もひとりで生きていくのだ。どうせ生きるなら、楽しいほうがいいであろう。

おわりに

学生時代、私は仲の良い友人と、いつも「会社に入るのは嫌だねえ、主夫がいいよねえ」などと話していた。会社で働くというオヤジ的なライフスタイルが自分の肌に合わないと思ったからだ。ただお金のために働いて、赤提灯で酒を飲んで上司の悪口を言ったり、宴会で歌ったり踊ったり、お中元やお歳暮を贈ったり、すべてが面倒くさかった。

しかし、私も友人も主夫にはならなかった。なれるはずもなかった。私たちを養ってくれる女性は見つからなかったし、やはり男性としての世間体が邪魔をした。友人は証券会社に入って出世した。もちろん専業主婦の妻と子どもが3人いる。おい、君は主夫になりたいと言ってなかったか?

私は、結婚し、子どもができてからしばらく共働きをした。週に二度、定時に会社を出て、保育園に子どもを迎えに行った。だが、あまりに仕事と子育ての両立が大変なので、結局、妻に正社員として働くのをやめてもらった。

以後、私はまた残業が当たり前の暮らしに戻った。子育てと両立しなくてよくなったから、肉体的には楽になった。しかし収入は主として自分だけが稼ぐのだから、経済的には厳しくなった。

また、サラリーマンの夫と専業主婦の妻という家族のあり方に疑問を差し挟んできた立場からすると、多少忸怩《じくじ》たる思いもあった。私の両親は新潟県で教員として共働きをしていたし、近くに住むおじ、おばたちもみな教員で共働きであった。だから、別にとりたてて本を読んで女性解放思想を学んだからではなく、私個人の生育環境からして、女性が子育てをしながら働くのは、ごくごく当然のことだと思っていた。

それに、女性が働いて収入を得れば、男性は収入を減らしてもよくなるわけだから、仕事中毒にならずにすむと思った。オヤジ的なライフスタイルにどっぷり染まらないですむと思ったのだ。女性が専業主婦から解放されれば、男性は会社から解放されるはずだと思った。

私が入社した直後くらいから、日本の社会でも次第に女性が企業で働く環境が整備されていった。しかしそれから25年ほどが経った現在の社会は、必ずしも私が思い描いていた社会にはなっていない。男性は相変わらず仕事中毒だし、女性にも仕事中毒や社畜たちが増えてしまった。鼻息の荒い、男勝りの女性たちが活躍する時代になった。

まあ、それはそれでいいとしても、問題なのは、仕事中毒になる適性がない、あるいは仕事中毒に関心がない男女は、しばしば正社員ではない不安定な立場に置かれるようになったということだ。

また、専業主婦は、中流階級なら誰でもなることができるものではなくなり、収入の多い夫を見つけた女性にだけ許される特権になってしまった。

本書で明らかにしたように、比較的裕福な中流家庭においては、男性は仕事だけをして、女性は専業主婦をして、それで特に大きな不満もなく、離婚も考えずに生きている。

逆に、比較的貧しい中流家庭では、夫の収入だけでは暮らせないからか、妻が働きたいからかわからないが、とにかく共働きをしている。そして、共働きの結果なのかどうかは断言できないが、離婚しやすくなっている。さらに、離別者の寿命は有配偶者よりも短い。

どうも、あまり良い流れではない。この流れを変えるには、家族や会社だけに限定されない個人同士のつながりが必要であり、人々はその必要性に気がつき始めている。この点については、前著『第四の消費』で書いたとおりだ。

若干繰り返せば、すべての人々が安定した正社員として働くことはどうやら難しそうなのだから、たとえ正社員でなくても、もちろん性別に限らず、もっと安心して働き、生きられる社会の仕組みが必要であろう。

お金がなくなったら自殺するしかない社会は改革しなければならないし、お金を稼げないことが男性の（もちろん女性の）価値を下げるような偏った価値観に別れを告げる社会をつくらなければなるまい。

そのためにも、従来の一部の女性解放思想のような、男女を対立したものとしてしか考えない、古くさい考え方にもお別れをする必要があるだろう。

二〇一二年七月

著　者

調査概要

調　査　名　「中高年男性調査」
調査主体　（株）カルチャースタディーズ研究所
調査実施　（株）ネットマイル
調査時期　２０１０年10月5日～12日　　追跡調査は10月25日～11月９日
調査方法　ネットマイルモニターに対するインターネット調査
調査対象　１都３県（東京、神奈川、埼玉、千葉）在住の40～64歳男性２２０１名（既婚１９７１名、離別２３０名）

三浦 展（みうら あつし）

一九五八年生まれ。一橋大学社会学部卒業後、パルコ入社。マーケティング誌「アクロス」編集長となる。九〇年、三菱総合研究所入社。九九年、カルチャースタディーズ研究所設立。著書に『下流社会』（光文社新書）、『「家族」と「幸福」の戦後史』（講談社現代新書）、『ファスト風土化する日本』（洋泉社新書）、『郊外はこれからどうなる？』（中公新書ラクレ）、『スカイツリー 東京下町散歩』『第四の消費』（朝日新書）など。

集英社新書〇六五〇B

妻《つま》と別《わか》れたい男《おとこ》たち

二〇一二年七月一八日 第一刷発行

著者……三浦《みうら》 展《あつし》

発行者……館 孝太郎

発行所……株式会社集英社

東京都千代田区一ツ橋二-五-一〇 郵便番号一〇一-八〇五〇

電話 〇三-三二三〇-六三九一（編集部）

〇三-三二三〇-六三九三（販売部）

〇三-三二三〇-六〇八〇（読者係）

装幀……原 研哉

印刷所……凸版印刷株式会社

製本所……加藤製本株式会社

定価はカバーに表示してあります。

ISBN 978-4-08-720650-0 C0236

集英社新書　好評既刊

社会——B

ご臨終メディア　森 達也／森巣 博
食べても平気？ BSEと食品表示　吉田利宏
環境共同体としての日中韓　監修・寺西俊一 東アジア環境情報発伝所編
巨大地震の日　高嶋哲夫
男女交際進化論「情交」か「肉交」か　中村隆文
ヤバいぜっ！ デジタル日本　高城 剛
アメリカの原理主義　河野博子
データの罠 世論はこうしてつくられる　田村 秀
搾取される若者たち　阿部真大
VANストーリーズ　宇田川 悟
人道支援　野々山忠致
ニッポン・サバイバル　姜 尚中
黒人差別とアメリカ公民権運動　ジェームス・M・バーダマン
その死に方は、迷惑です　本田桂子
テレビニュースは終わらない　金平茂紀
王様は裸だと言った子供はその後どうなったか　森 達也
プロ交渉人　諸星 裕
自治体格差が国を滅ぼす　田村 秀
フリーペーパーの衝撃　稲垣太郎
新・都市論TOKYO　隈 研吾／清野由美
「バカ上司」その傾向と対策　古川裕倫
日本の刑罰は重いか軽いか　王 雲海
里山ビジネス　玉村豊男
フィンランド 豊かさのメソッド　堀内都喜子
B級グルメが地方を救う　田村 秀
ファッションの二十世紀　横田一敏
大槻教授の最終抗議　大槻義彦
野菜が壊れる　新留勝行
「裏声」のエロス　高牧 康
悪党の金言　足立倫行
新聞・TVが消える日　猪熊建夫
銃に恋して 武装するアメリカ市民　半沢隆実
代理出産 生殖ビジネスと命の尊厳　大野和基

a pilot of wisdom

マルクスの逆襲　三田誠広
ルポ 米国発ブログ革命　池尾伸一
日本の「世界商品」力　嶌　信彦
今日よりよい明日はない　玉村豊男
公平・無料・国営を貫く英国の医療改革　武内和久／竹之下泰志
日本の女帝の物語　橋本　治
食料自給率100%を目ざさない国に未来はない　島﨑治道
自由の壁　鈴木貞美
若き友人たちへ　筑紫哲也
他人と暮らす若者たち　久保田裕之
男はなぜ化粧をしたがるのか　前田和男
オーガニック革命　高城　剛
主婦パート 最大の非正規雇用　本田一成
グーグルに異議あり！　明石昇二郎
モードとエロスと資本　中野香織
子どものケータイ―危険な解放区　下田博次
最前線《フォワード》は蛮族たれ　釜本邦茂

ルポ 在日外国人　髙　賛侑
教えない教え　権藤　博
携帯電磁波の人体影響　矢部　武
イスラム――癒しの知恵　内藤正典
モノ言う中国人　西本紫乃
二畳で豊かに住む　西　和夫
「オバサン」はなぜ嫌われるか　田中ひかる
新・ムラ論TOKYO　隈　研吾／清野由美
原発の闇を暴く　広瀬　隆／明石昇二郎
伊藤Pのモヤモヤ仕事術　伊藤隆行
電力と国家　佐高　信
愛国と憂国と売国　鈴木邦男
事実婚 新しい愛の形　渡辺淳一
福島第一原発―真相と展望　アーニー・ガンダーセン
没落する文明　萱野稔人／神里達博
人が死なない防災　片田敏孝
イギリスの不思議と謎　金谷展雄

集英社新書　好評既刊

哲学・思想――C

- 知の休日　五木寛之
- 聖地の想像力　植島啓司
- 往生の物語　林　望
- 「中国人」という生き方　田島英一
- 「わからない」という方法　橋本　治
- 親鸞　伊藤　益
- 農から明日を読む　星　寛治
- 自分を活かす〝気〟の思想　中野孝次
- ナショナリズムの克服　姜　尚中／森巣　博
- 動物化する世界の中で　東　浩紀／笠井　潔
- 「頭がよい」って何だろう　植島啓司
- 上司は思いつきでものを言う　橋本　治
- ドイツ人のバカ笑い　ディーター・トーマほか編
- デモクラシーの冒険　姜　尚中／テッサ・モーリス-スズキ
- 新人生論ノート　木田　元
- ヒンドゥー教巡礼　立川武蔵
- 退屈の小さな哲学　ラース・スヴェンセン
- 乱世を生きる　市場原理は嘘かもしれない　橋本　治
- ブッダは、なぜ子を捨てたか　山折哲雄
- 憲法九条を世界遺産に　太田　光／中沢新一
- 悪魔のささやき　加賀乙彦
- 人権と国家　スラヴォイ・ジジェク／岡崎玲子
- 「狂い」のすすめ　ひろさちや
- 越境の時　一九六〇年代と在日　鈴木道彦
- 偶然のチカラ　植島啓司
- 日本の行く道　橋本　治
- 新個人主義のすすめ　林　望
- イカの哲学　中沢新一／波多野一郎
- 「世逃げ」のすすめ　ひろさちや
- 悩む力　姜　尚中
- 夫婦の格式　橋田壽賀子
- 神と仏の風景「こころの道」　廣川勝美
- 無の道を生きる――禅の辻説法　有馬頼底

a pilot of wisdom

新左翼とロスジェネ	鈴木英生
虚人のすすめ	康芳夫
自由をつくる 自在に生きる	森博嗣
不幸な国の幸福論	加賀乙彦
創るセンス 工作の思考	森博嗣
天皇とアメリカ	吉見俊哉 テッサ・モーリス-スズキ
努力しない生き方	桜井章一
いい人ぶらずに生きてみよう	千玄室
不幸になる生き方	勝間和代
生きるチカラ	植島啓司
必生《ひっせい》 闘う仏教	佐々井秀嶺
韓国人の作法	金栄勲
強く生きるために読む古典	岡敦
自分探しと楽しさについて	森博嗣
人生はうしろ向きに	南條竹則
日本の大転換	中沢新一
実存と構造	三田誠広
空《くう》の智慧、科学のこころ	ダライ・ラマ十四世 茂木健一郎
小さな「悟り」を積み重ねる	アルボムッレ・スマナサーラ
科学と宗教と死	加賀乙彦
犠牲のシステム 福島・沖縄	高橋哲哉
気の持ちようの幸福論	小島慶子
日本の聖地ベスト100	植島啓司
続・悩む力	姜尚中

a pilot of wisdom

集英社新書　好評既刊

司馬遼太郎の幻想ロマン
磯貝勝太郎　0638-F
歴史小説家としてよく知られる司馬遼太郎だが、真髄は幻想小説にある。もうひとつの作家性の謎を解く。

日本の聖地ベスト100
植島啓司　0639-C
日本古来の聖域を長年の調査をもとに紹介。伊勢や出雲、熊野は勿論、ぜひ訪れたい場所を学者が案内する。

武蔵と柳生新陰流
赤羽根龍夫／赤羽根大介　0640-H
名古屋春風館に伝わる武蔵と柳生の技の比較と、史料『刀法録』を通じ、日本の身体文化の到達点に迫る。

GANTZなSF映画論
奥　浩哉　0641-F
累計一九〇〇万部を突破した漫画『GANTZ』。映画通の著者が自身の創作に影響を与えた映画を語る！

池波正太郎「自前」の思想
佐高　信／田中優子　0642-F
池波作品の魅力と作家自身の人生を読み解きながら、非情な時代を生き抜くための人生哲学を語り合う。

北朝鮮で考えたこと
テッサ・モーリス-スズキ　0643-D
英米圏屈指の歴史学者が、北朝鮮の「現在」を詳細にルポルタージュ。変わりゆく未知の国の日常を描く。

ロスト・モダン・トウキョウ〈ヴィジュアル版〉
生田　誠　027-V
戦前戦後の失われたモダンな東京の風景を貴重な絵葉書でめぐる。レトロでありながら新しさを感じる一冊。

オリンピックと商業主義
小川　勝　0645-H
莫大な放映権料が競技運営への介入を招くという現実。オリンピックが商業主義を実践するのは是か非か。

イギリスの不思議と謎
金谷展雄　0646-B
最初の紳士は強盗殺人犯だった？　日常や歴史の中に見られる八つの奇妙な事実から、英国の魅力を語る！

続・悩む力
姜尚中　0647-C
夏目漱石の予言とともに「人間とは何か」という問いに直面する時が来た。大ベストセラー待望の続編。

既刊情報の詳細は集英社新書のホームページへ
http://shinsho.shueisha.co.jp/